盛田昭夫传

邹丽焱◎著

时代文艺出版社

图书在版编目（CIP）数据

盛田昭夫传 / 邹丽焱著 . —2版 . —长春：时代文艺出版社，2016.4（2021.3重印）

ISBN 978-7-5387-5110-9

Ⅰ . ①盛… Ⅱ . ①邹… Ⅲ . ①盛田昭夫（1921～1999）－传记 Ⅳ . ①K833.135.38

中国版本图书馆CIP数据核字（2016）第001696号

出品人　陈　琛
责任编辑　余嘉莹
装帧设计　孙　利
排版制作　隋淑凤

盛田昭夫传

邹丽焱　著

出版发行／时代文艺出版社
地址／长春市福祉大路5788号　龙腾国际大厦A座15层　邮编／130118
总编办／0431-81629751　发行部／0431-81629755
官方微博／weibo.com／tlapress　天猫旗舰店／sdwycbsgf.tmall.com
印刷／三河市嵩川印刷有限公司
开本／710mm×1000mm　1／16　字数／144千字　印张／12
版次／2016年4月第2版　印次／2021年3月第2次印刷　定价／36.00元

目录
Contents

　　索尼的辉煌是几代人以团队精神协同奋斗的结果，但贡献最大的还是两位创始人——井深大与盛田昭夫。他们亲密无间的友谊和信任，被世人传为佳话，而他们高尚的人格魅力，更让后人肃然起敬。

　　索尼公司是日本经济高速增长的象征。索尼公司（前身为东京通信工业公司）创建之时，正是第二次世界大战之后日本经济恢复期，几乎是在废墟上诞生的一个小企业，只有几间木棚子，非常破旧，还漏雨，资金又不足。井深大和盛田昭夫以真诚与执着赢得了亲人和朋友的信任，给予他们各方面的支持和帮助。

　　经过几十年的艰苦奋斗，从生产电子产品到多元化经营模式的跨国公司，其产品大部分面向海外，几乎遍布全世界。在美国等多个国家成功上市，实现了日本"企业国际化"的梦想。

盛田昭夫与井深大在晚年生病的时候，恰巧住在相邻的病房，盛田昭夫已经不能讲话，但他们默默对坐在轮椅上，紧紧握住对方的手，相视鼓励。几十年的友谊都包含在深情的目光中，当盛田昭夫定居夏威夷时，井深大还在电话上喊着："盛田昭夫！坚持住！"

1997年，井深大去世，消息传来，中风的盛田昭夫悲痛至极，眼泪夺眶而出。盛田昭夫的夫人代表他在追悼会上宣读了悼词："井深大君，请接受我对你衷心的谢意，感谢你给了我如此愉快的一生！我从心底感激你！"

井深大是一个理想主义者，他具有敏锐的洞察力，能捕捉到普通人无法感知的东西，并且始终保持着美好的梦想，天真而纯粹，技术上执着创新；盛田昭夫具有极强的公关能力和实际操控能力，充满激情和活力。两人虽然性格不同，但同样具备高尚的品格，互补互助，有机地结合在一起，志同道合，同舟共济。

在创办公司的策划书上明确写道："组建公司的目的是创建理想的工作场所，充满自由、活力与快乐。在这里，富有献身精神的工程师们可以使自己的理想和技能得到最大限度的实现"。这一直是索尼文化的精髓，也体现出纯真的理想主义。

1944年，盛田昭夫大学毕业后，被征召入伍，在一个海军研究所工作。这时，他认识了日本精密仪器公司的总工程师、比他大13岁的井深大先生，由此，两人建立了长达40年的合作伙伴关系，配合默契，几近天衣无缝，令世人赞叹不已。

当时的井深大坚信磁带录音机大有前途，虽然先进的欧美国家已经能够生产，但是在日本还没人掌握磁带的制造技术。经过一番努力，在1950年终于生产出50台录音机，但体积大，成本高，销路不好。

盛田后来回忆说："我们为当时尚不存在的顾客生产出了50台磁带录音机。如何把一种产品转化成人们要购买的商品，井深大和我都毫无经验。"在新产品销售过程中，盛田昭夫认识到商业经营的重要性。从此，他放下心爱的技术研究，开始主管销售。

创新始终是索尼的命脉，当井深大和盛田昭夫获悉美国贝尔实验室研制成功半导体时，他们以敏锐的直觉看好这项技术，决定购买这一专利，虽然还没有人知道这项技术到底有什么用途。1953年，盛田到美国谈判，购买专利。协议很快达成，但获得日本通产省里的批准，费了很大周折，最后，盛田昭夫以良好的公关能力，赢得了支持。

井深大领导的研发小组，把半导体晶体管用到了收音机的研发上，为此，江崎的隧道二极管问世了，并且因此项发明，还获得了诺贝尔奖。一个企业内部的研究能够获此殊荣，是非常少见的。

每次，井深大有了技术上的突破，总要和盛田昭夫分享，在公司经营管理上井深大依赖盛田昭夫，晚年他专心从事《零岁潜能教育法》等畅销书的写作，从不干涉盛田昭夫的经营。在公司的重大问题上，井深大坚定站在盛田昭夫一边。而盛田昭夫有任何想法，首先和井深大交流，取得共识，井深大是盛田昭夫精神上的支柱。

他们建立了伟大的友谊，并且超越了友谊，信任对方甚至超过了自己。比如，在研发"单枪三束彩色显像管"的过程中，长达7年的巨额亏损，井深大仍然痴迷于技术。而盛田昭夫承担着巨额亏损的压力，默默担当。

出于对井深大的信任，盛田毫不犹豫地动用各种社会关系，筹措到巨额研发经费。在面对危机的过程中，俩人相互信赖，相互激励。当显像管研发成功时，井深大向研究组成员深深鞠了一躬。

共同的理想和追求，使井深大与盛田昭夫共同创造了不平凡的东西，如果没有井深大在技术方面的创新，就没有索尼若干个世界第一；可没有盛田昭夫在企业管理上杰出的贡献以及对国内外市场的开发，井深大的才华就会被埋没。

他们的结盟超越了时空，达到了无我的境地，无私地成全对方，也成全了自己，更成就了索尼。俩人携手共创索尼神话的过程中，闪烁着人性的光辉。

1971年盛田昭夫成为索尼公司董事长兼总裁，盛田昭夫著有总结其管理经验的《让学历见鬼去吧》一书。反对重学历、不重人才的行为，促使公司出现了一大批不拘一格的人才，多次创造了日本和世界的第一，其主要技术创新有：

1950年，日本第一台磁带录音机

1955年，世界第一台半导体收音机

1960年，世界第一台半导体电视机

1965年，世界第一台家用录像机

1968年，革命性特丽珑电视影像技术

1968年，世界第一台搭载特丽珑电视影像技术彩色电视机

1975年，世界第一台BETAMAX录像机

1978年，革命性的CCD感光元件技术

1979年，革命性的世界第一台随身听产品

1983年，联合荷兰飞利浦共同开发激光唱盘CD并主导74分钟标准

1983年，制定3.5英寸软碟1.44MB磁盘

1988年，HI—8摄像机

1992年，MD音乐技术

1994年，次世代游戏机

......

为了使技术处于领先地位，许多年来，索尼一直把6%的销售利润用在创新研发上，有些年份高达10%。使"日本制造"成为高品质电器的代名词。

盛田昭夫在企业管理、国内外市场经营策略、社会活动和人生哲学等诸多方面，都有自己独到的见解。

盛田昭夫精力过人，身兼数职。索尼公司的董事长、日本电子工业协会主席、日本经济团体联合会的董事长，还有一些巨型跨国公司咨询委员会的顾问。享有"国际经营者"的盛誉，在英国获得了仅授给过居里夫人、爱迪生、丘吉尔等世界著名人物的

"阿尔伯特奖章"。

盛田昭夫是"索尼"的精神领袖，带领索尼公司多次进入世界公司500强。在影响世界产业和国际贸易关系的重大问题上，从不掩饰自己的观点，敢于发表见解。他的坦诚执着和远见卓识被经济界人士敬仰，成为日本企业界的偶像，也赢得了许多世界政治领袖人物的赞赏。

1998年，盛田昭夫作为唯一的亚洲人，被美国《时代》周刊评选为20世纪20位最有影响的商业人士之一，他还三次成为该杂志的封面人物。

第一章　成长

1. 盛田家族

盛田昭夫1921年1月26日在名古屋出生，他是家里的长子。虽然在名古屋长大，但他总认为家族的根在小铃谷，因为盛田家祖祖辈辈都生活在那里。

小铃谷坐落在知多半岛上的常滑市，离名古屋不远，虽然保留着古朴的渔村景致，但与普通渔村又有所不同，因为在这座村落的海岸旁有一个古色古香的工厂。小铃谷就是以工厂为中心而逐渐形成的有人考证，小铃谷的港口就是为了运送酒和原料而设立的码头。厂里有许多高大的水槽，那是酿酒用的发酵槽，工厂周围拦着铁丝网，门前立着一个牌子——清酒子日松。

这是盛田家祖传的产业。酿酒厂创立于江户初期（1665年），已有300多年历史。1708年起，开始生产豆浆，直至1868年，开始制作酱油。后来，酒、豆浆、酱油一直是盛田株式会社的主要产品。

多年来，盛田家不仅经营工厂，其掌门人还一直担任小铃谷村村长，威望很高。

盛田昭夫应该算是第十五代传人。第十一代久佐门，也就是父亲的曾祖父盛田命祺，成为盛田家的代表人物。他好善乐施，热心于社会公共事业。为了表彰和纪念他，村民于1918年在小铃谷修了一座庙宇，还为他雕了一尊铜像。

盛田昭夫每次回到小铃谷村都会在海岸旁边的岔路口停下来，

怀着虔敬的心情，走向那座庙宇，瞻仰高曾祖的铜像，读着德川父亲侯爵为他撰写的碑文，然后鞠躬退下。不幸的是，在第二次世界大战期间，政府把这尊铜像收归国有，将铜熔化后用于战事。好在铸造模型还在，战后不久，盛田家族又制作了一尊半身像，至今仍矗立在庙前的树林里。

盛田家酿造的酒，牌子叫"子日松"它不仅历史悠久，也创造过辉煌的纪录，1899年子日松酒在巴黎万国博览会上荣获金奖。不仅为盛田家族增了光，也是日本的光荣。"子日松"一词来源于《万叶集》的一首诗，子日松酒的商标，就是"子日"两个字旁边装饰着松树的图案，以此来表示吉庆祥和的风俗，古朴而典雅。

子日之松，也是日本自古以来流传下来的民俗。在日本，每年的正月初一，也就是子日，人们要把山上的小松树栽在自家的庭院里，为家人祈祷平安和长寿。

明治初期，日本刚刚结束200年的闭关自守，向世界开放门户，新的事物开始流行起来。明治天皇鼓励日本人向西方学习，尤其是西方的科学技术。于是日本人开始对西方的生活方式感兴趣，例如穿西装，梳西式发型，吃西方食品等等。

盛田家也开始尝试酿制葡萄酒，这不仅仅是尝试新生事物，还有一个原因，就是据明治天皇政府的预测，日本将会面临稻米短缺的危机，而稻米是清酒的酿造原料。如果以葡萄来代替稻米做原料，既节约资源，又可以避免原料危机。久左卫门认为这是一个明知之举。

同时，政府还希望这些政策能够帮助社会解决就业问题。在明治政府的鼓励下，十一代久左卫门于1880年开始从法国引进葡萄种植技术。直到1884年秋天，第一批葡萄酒酿造出来了。久左卫门特别高兴，那天晚上，他对着月光，喝醉了，畅想着未来，心中充满希望。

正当他踌躇满志的时候，葡萄园遭受了一连串的虫害袭击。无论怎么努力，都无法消灭虫害的困扰。最后，不得不毁掉葡萄园，放弃酿造葡萄酒的计划。为了偿还债务，还卖掉了那块土地。

不过，盛田公司其他的产品，一直经营得非常成功，例如酱油和清酒，都很有名气。特别是公司在子日松牌清酒赢得国际金奖后，声名鹊起，生意越来越好。

盛田家殷实的家境，使得世代都很重视教育和文化，盛田昭夫的曾祖父和祖父既是当时日本的著名企业家，又具有深厚的文化艺术修养，热衷于收藏工艺美术品，像陶瓷器皿、茶道用具、家具、绘画等艺术品。他们都是很有研究，也是很有鉴赏力的收藏家。

并且，世代继承祖上的传统，热衷公益事业。在这方面，第十一代久左卫门做得最为突出，他曾经出巨资修路架桥，为村里做了许多好事，声名远扬。明治天皇驾临小铃谷视察时，还特别嘉奖，为他授勋。

盛田昭夫的祖父和曾祖父继承了祖上的美德，尽心尽力为村人办事。由于热爱艺术，经常资助美术家、工艺家、音乐家、画商等，也为各种文化艺术活动慷慨解囊。多年来，花费大量的精力和财力来支持当地的公共事业，如修路、捐款等等。

在热衷于公益事业的同时，却冷落了祖传的产业，只把企业交给管家打理。遗憾的是，那个管家既无能又不负责任。到了盛田昭夫祖父这一代掌门时，企业的经营状况不断恶化，已经出现破产的危机了。

盛田昭夫祖父的身体每况愈下，他躺在病床上，捧着那本《万叶集》，目光停留在"子日松"这首诗上，感慨万千。祖辈为精酿清酒取名"子日松"，寓意深远。望着祖祖辈辈在庭院里种下的子日树，现在已经长成一片松林，海风吹来，松涛阵阵。可如今企业的状况令人担忧，他感到愧对祖上，只能把重振家业的希望寄托在儿子身上。

当时，盛田昭夫的父亲正在东京庆兴大学攻读理财专业。面对濒临倒闭的公司，他果断中断学业，返回故乡，着手公司的复苏和再建。尽管他喜欢在大学读书，但关系到盛田家族兴衰的大事，他还是放弃学业，以长子的身份肩负起振兴盛田公司的大业。

面对巨额债务，他忍痛割爱，卖掉了祖上的收藏，包括三件被视为传家宝的珍品：中国的挂轴、青铜镜、弥生时代的翡翠月牙玉。这些稀世藏品，他当然知道对祖上来说有多么重要，不到万般无奈的情况下，绝对不会卖掉。万幸的是，家境好转之后，又把这三件"宝物"赎了回来。

事实证明，盛田昭夫的父亲的确是个有才干的实业家。他的判断和做法都是正确的，盘活资金后，再在管理上下功夫，靠自己的力量，扭转了公司亏损的局面，工厂慢慢恢复了元气。

盛田的父亲不仅是实干家，也颇有经营远见，他认为经营现代化产业在大的工业城市更合适，于是决定离开世代居住的小铃谷，举家迁往名古屋。到了盛田昭夫出生的时候，家业已恢复了往日的繁荣。

2. 望子成龙

盛田家搬进了名古屋的高级住宅区，那是一座非常漂亮的房子，还有网球场。对门住着丰田家，就是丰田汽车公司的创立者。

盛田昭夫的母亲出身于世代为官的名门望族，17岁嫁到盛田家，她稳重优雅，热爱艺术，不但注重日本的传统，还非常有主见，乐于接受新生事物。可是结婚很久，仍然没有怀上孩子，这一点总是让她忐忑不安。按照日本的习俗，这是十分忌讳的，传宗接代终归是件大事。直到婚后第7年，才生下盛田昭夫。长子的出生，给这个家庭带来美好的希望，父母非常高兴，心里终于踏实了。

盛田昭夫出生后两年，母亲又生下弟弟和昭，第三年妹妹菊子降生，第六年又添了弟弟正明。

这是一个大家庭，上面还有祖父、祖母，还有一直守寡的婶婶、从法国学画归来的叔叔，还有一些佣人。另外几个从家乡来这里读书的年轻人，寄住在他们家里，一边上学，一边在公司里干些杂活。

这么一个大家庭，生活起居，事无巨细。母亲周子挑起了管理家务的担子，她非常尽职，大大小小的事情都安顿得妥妥当当。如何使各成员之间相处得和睦融洽，是一件不容易的事，这其中，周子起了至关重要的作用。母亲聪明善良，对孩子很有耐心，她还是一个优雅而有艺术气质的女人。

日本女性最大的特点是温柔和顺，但盛田昭夫的母亲与日本传统女性不同，她有思想有主见，能够坚持自己的主张，并按自己的意志行事。在教育孩子方面，她很有方法，为了孩子们的健康成长她非常用心。

盛用昭夫3岁那年，因为培养教育孩子的问题父母之间发生过一次严重的争执。母亲对孩子总是耐心呵护，注重启蒙教育，经常给他们讲童话故事。而父亲却不让周子讲，说那是一些华而不实的东西，应该教些更有用的。但周子并不认同，她认为童年时期应该快乐成长，等孩子长大了自然就会懂事，用不着牵着鼻子让大象过河。

母亲说得头头是道，父亲驳不倒她，面子上过不去，特别生气，就给了她一记耳光。父亲怒气难消，抱起盛田昭夫，把他扔进汽车，父子俩驶向小铃谷。盛田昭夫不知道发生了什么事，他被吓坏了。

到了小铃谷，父亲还在生气。把车停在一块稻田旁，他抱起儿子走进田里，大声问他："你叫什么名字?""盛田昭夫。"儿子小声答道。

"你叫什么名字！"父亲对着儿子大吼起来。"盛田昭夫！"儿子也跟着吼了起来。"好样的。"父亲反倒笑了起来，又问他盛田昭夫这四个字是什么意思。儿子摇摇头。

父亲耐心讲了起来。可是盛田昭夫什么都没听懂，躺在父亲怀里睡着了，直到天黑，他们才回到名古屋。母亲担心了一整天，终于听见汽车喇叭声，她惊喜交加，泪流满面。

第二天早晨醒来，周子问儿子，父亲带他去哪了。儿子揉揉眼睛，说自己梦见一块稻田，父亲指着那块稻田发脾气，说稻田是咱们家的，以后不准你再打弟弟了，你要来种水稻，你是盛田家的长子。

周子后来在亲戚中间多次讲这段故事，戏说丈夫"教子有方"。丈夫却不以为然，说自己的方法就是有效嘛，儿子知道了什么叫"稻田"，也知道了自己是盛田家的长子。

盛田昭夫的父亲是一个认真、谨慎的实业家，在企业中投入了大量的精力。孩子们和母亲在一起的时间多。盛田昭夫的印象中，母亲就像一本书，什么都懂。有了问题，只要去问母亲，都能得到满意的答案，他非常乐意接受母亲的意见和忠告。周子的确是一位非常出色的母亲，既关心孩子，也理解孩子的想法，总能引导他们找到解决问题的办法。

父亲虽然忙，但也是一个有责任感的父亲。他总是尽量抽时间和孩子们在一起，教他们游泳，钓鱼，还带孩子们去郊游。他要把孩子们培养成久佐门的继承人，特别是盛田昭夫。

父亲对长子的未来非常重视，就连起名字也格外上心，本来按照盛田家世代相传的老规矩，长子的乳名要世代交替使用"常助"和"彦太郎"。等到长子继位后，成为家族继承人时，则一律承袭"久佐门"这一姓名。

父亲是第十四代久佐门，承袭之前叫盛田彦太郎，祖父的乳名是盛田常助。盛田昭夫就应该沿用祖父的盛田常助。可是他父亲觉得这个名字不够现代，与20世纪的社会很不相称，于是请一位著名的汉学家，恳求他给孩子起个名字，老先生欣然允诺，大笔一挥，写了"盛田昭夫"四个字。

老先生是盛田昭夫爷爷的故交，很有学问。他解释说"昭"字含有进步的、不寻常的意思，也有明亮的含义，再配上你们家盛田这个姓，这个名字的意思就是"繁茂的稻田"，它象征着永远乐观而又充满希望，一看到这四个字，就会使人联想到前途光辉灿烂，充满希望的人生。盛田昭夫的父亲非常高兴，连连鞠躬致谢。

后来"昭夫"这个名字一直使用，盛田昭夫很喜欢这个名字，并且引以为豪，他经常使用AKM来签名，这是三个罗马字母，分别代表昭夫·久佐门·盛田。

3. 少年时代

父亲对盛田昭夫的教育非常重视，他认为长子将来是要传承祖业的，必须把他培养成一个合格的继承人。这种思想意识上的潜移默化，使盛田昭夫很早的时候就在内心深处感受到肩上的责任，产生一种使命感。

父亲经常带着盛田昭夫去公司，从各个方面熏陶和影响盛田昭夫，让他知道公司是如何运营的。在重要的会议上，让盛田昭夫观察自己是如何把控局面、如何处理问题。还经常把干部叫到家里来商议工作或听取汇报，每次都要求盛田昭夫坐在父亲身旁，认真体会和感受其中的应该坚持原则和态度，采用什么方法和窍门。

就在这些言传身教的过程中，盛田昭夫对父亲的事业产生了兴趣。但是父子俩也常常产生分歧，比如父亲认为学会理性思考很重要，每次面对一项新事业和不同寻常的事时，他都采取极其谨慎，甚至保守的态度。做出一项决定之前，要花很长的时间，反复思考。

而盛田昭夫却觉得那些都是毫无必要的担心，批评父亲过于保守，为此也会与父亲产生争论。但父亲并不觉得自己的尊严受到影响，反而把这种争论当作理论教育的一种训练方法，巧妙地进行引导。

盛田昭夫在良好的家庭熏陶中慢慢长大。上中学后，他的每个假日都是在公司里度过，一边学习一边工作。除了参加一些会议，还要熟悉公司所有的工作程序，比如酿酒工艺、检查方法、点库、监督职员、听取报告、做出决策等等。

父亲也一直以"社长就是和从业人员不一样"的观念来教育盛田昭夫，强化儿子的权威感和责任感，同时，父亲不断提醒盛田昭夫："不要以为自己高高在上，更不可以对别人指手画脚，指挥别人做的事情要非常清楚，并且全权负责。发生问题时，一味责骂下属、推卸责任都无济于事，应当抓住一切机遇激励员工和同仁，共同达成对双方都有利的目标。"

这些谆谆教诲都植根于盛田昭夫的灵魂深处，父亲的言传身教，为盛田昭夫的管理才能的形成奠定了良好基础。日后，盛田昭夫成功地管理企业，应该感谢少年时代父亲对他的教育和熏陶。

父亲的手下有许多出色的管理人员，他们经常给盛田昭夫一些忠告，"你生下来就是总经理，因为你是这个家的长子，不要忘记这一点。"也有人告诫说："虽说你是总经理，但是，如果你认为因此就可以对周围的人耀武扬威，那就大错特错了。要分清什么是自己应该做的事，什么事应该让别人去做。"这些忠告都使盛田昭夫学会了如何与别人合作，这是非常有意义的。

父亲不仅严格训练盛田昭夫经营企业的能力，还从各个方面影响他。比如，父亲对新生事物和新技术新产品抱有极大兴趣。还在小铃谷的时候，父亲就购买了福特车，开始搞出租和公共汽车公司。每逢星期天，父亲还带着一家人乘着福特车出去兜风，父亲有一个专职司机，母亲总是笔直地坐在敞篷车上，孩子们都感到十分兴奋和快乐。

盛田昭夫的父亲喜欢接受新生事物，家里很早就用上洗衣机和电冰箱，也可以像西方人一样睡在床上。父亲外出办事也总是西装笔挺，对孩子们也并不要求一定穿和服。

特别值得一提的是叔叔盛田启造，对盛田昭夫的成长也有很大影响。

盛田启造在巴黎学习绘画四年，回国后，一直和他们住在一起，还在家里设立了画室。他还到过伦敦和纽约等国外的许多地方，经常给盛田昭夫讲述在国外的亲身经历和所见所闻，纽约的繁华、伦敦的历史、巴黎的咖啡馆、康尼岛的云霄飞车等等。这些花花世界，精彩纷呈，激发起盛田昭夫的强烈兴趣。

叔叔的口才很好，讲得绘声绘色，特别是叔叔讲的西洋童话和故事，使盛田昭夫对他极其崇拜，再加上叔叔带回来的那些异国风情的画和图片，在世界各国旅行时拍的照片，还有那个9.5毫米的小型摄影机拍下的电影，使盛田昭夫更加着迷。

总喜欢缠着叔叔问这问那，"启造叔叔，你为什么要回来，巴黎多好啊"。可叔叔却说："那是别人的国家，等你长大了，也能去，但是还要回来，因为我们是日本人。"盛田昭夫那时才8岁，他很着急，不知道自己"什么时候才能长大。"

启造叔叔安慰他说："你别着急，很快就会长大，但在去巴黎之前，你要先学会外语，不然你听不懂人家的话，就像傻子一样。"这句话对盛田昭夫的影响也非常大，他立即开始跟叔叔学外语，几乎到了着魔的程度，连梦话里都说外语。

有一次，妈妈以为他做噩梦了，就把他叫醒，可是他翻个身又睡了，说要去康尼岛坐云霄火车。每天早晨起来，家人都拿他逗笑，问他是不是又梦见康尼岛了。如果昭夫要是有点打蔫，大家就打趣地问他"在康尼岛坐云霄火车累坏了吧？"

不管家人怎么逗，他也不生气，总是把启造叔叔当作榜样来效仿，早餐时学着叔叔的样子，把面包切开夹着芝士吃，叔叔穿西装，他也吵着要穿西装，弄得妈妈没办法，只得带着小昭夫去订做西装。

每个人童年时代的记忆，常常都是美好的梦，对于一个少年来说，一个梦想就是未来人生的一条路，只要执着地走下去，就会到达光辉的顶点。很多杰出人物回忆自己的童年，总能透过岁月的脚步，找到最初的烙印。

昨天的梦想就是今天的希望，明天的现实。那些追求新思想、新技术、新理念的思想在盛田昭夫的童年，如春风化雨，潜移默化地融入到了他的血液里。

另外，盛田昭夫从小就对音乐极其热爱，而音乐也与他日后从事的行业结下了不解之缘。盛田昭夫的母亲特别喜欢欧洲的古典音乐，时常带孩子们听音乐会，只要有名的音乐家来名古屋演出，他们都会去欣赏。盛田昭夫就跟着母亲听过许多国内外著名音乐家的演唱和乐团的音乐会。

母亲还喜欢买唱片，伴随着那台老式唱机刺耳的摩擦声，欣赏着那些伟大的音乐家们的音乐作品。母亲的爱好直接影响了他，盛田昭夫可以静静地坐在那里痴迷地听音乐，沉醉其中，这与一般的孩子不同。

母亲也发现了盛田昭夫具有音乐方面的天赋，并且希望儿子将来能够在音乐方面有所造诣。于是给他请了一位家庭教师，提高他的音乐素养。这位老师叫三木，就住在盛田家隔壁，当时正在第一高等学校读书，他是一个音乐爱好者，并且精通古典音乐。

盛田昭夫的父亲虽然不懂音乐，但看到妻子儿子都这么喜欢音乐，他也很高兴。特别是儿子音乐方面的天赋，让父亲感到是件好事情。可他担心那台音响很差的老式唱机，会对儿子的听力产生不良影响，如果影响了儿子对音乐的感受力和鉴赏力，也许会毁掉一个音乐天才。

父亲把自己的想法和母亲商量，母亲当然赞同，她早就有这样的想法。于是家庭教师再来上课时，盛田昭夫的母亲向他咨询哪种唱片机好，三木随口说出了一种美国新式的电唱机。

于是，父亲托人买回了日本刚刚进口的电唱机，这也是名古屋的第一个购买者，价格贵得惊人，差不多相当一辆汽车价格的一半。

这台电唱机让三木老师非常吃惊，他不过随便说说而已，想都没敢想自己可以使用它听音乐，这实在太奢侈了。当那首法国作曲家拉威尔的管弦乐《波莱罗》在电唱机上奏起时，纯美而清晰的声音，强烈地震撼着大家的心灵，与老式电唱机播放的音乐完全不同，没有任何杂音的干扰，大家沉醉在音乐之中。

多年后提起此事，盛田昭夫还是有终生难忘的感觉，他描述说："很喜欢那首透出一丝淡淡哀愁的乐曲，第一次听音色逼真的曲子时，唱机中流泻出的美妙旋律再一次让我为之倾倒，我把家里莫扎特、巴哈、贝多芬、勃拉姆斯等人的唱片都找出来反复听。原来这些唱片总能听到"啾，啾"的摩擦声，现在都没有了，变成纯正美妙的音乐，这使我兴奋不已。"

实际上，盛田昭夫感到兴奋和好奇的不仅是音乐，还有这不可思议的机器。他反复端详这台神奇的电唱机，欣赏着如此美妙的音乐，不断琢磨着，"为什么在旧唱机上发出杂声的唱片，放在新唱机上，就没有了摩擦声。"

盛田昭夫百思不得其解，就请教他的家庭教师。三木君告诉他："这是因为新唱机使用了真空管"。盛田昭夫第一次听说真空管这个名词，它到底是什么东西，竟然有这么了不起的作用，使走调而又带有杂音的唱片，瞬间变得如此美妙动听。

从此，盛田昭夫对这台新式电唱机着了魔，他幻想着，什么时候也能亲手制造这么一台机器，那该多好。聪明的盛田昭夫还断定，只要有一个真空管，自己就能修好那台老维克托拉唱机。实际上他已经偷偷地把老唱机拆过一次，研究了它的内部构造，要不是这台新唱机太昂贵了，他真想把它拆开看个明白。

自从有了这台电唱机，盛田昭夫的心思就发生了微妙的变化，他对机器的痴迷超过了喜欢的音乐。每次听音乐时，他都会走神，总想知道那个神奇的真空管到底什么样子。

儿子的兴趣转移了，但母亲还不知道，仍然热心于提高孩子的音乐才华。三木君只要一介绍应该听什么曲子，她就会毫不犹豫地买回来。三木偶尔也介绍他自己想听的曲子，等女主人买回来大家一起听。

第二章　与物理结缘

1. 迷上电子装置

盛田家有位远房亲戚是一个工程师，喜欢独出心裁，尽干一些稀奇古怪的事件，与盛田父亲这种做企业的实干家完全不同，因此平时也没什么来往。有一次，盛田昭夫听说这位亲戚捣鼓出了一台电唱机，他将信将疑，想去看个究竟。

当他敲开亲戚家的门，说明了来意之后，这位工程师哈哈大笑起来。于是，领着盛田昭夫去参观自己的杰作，还不时讲解着它的功能。

盛田昭夫看见他家的榻榻米上摆着一个怪物，所谓的电唱机就是把一个一个零件用电线连在一起，可以放上唱片，播出音乐，虽然声音不那么纯正，但它就是一台地地道道的电唱机。那一刻，盛田昭夫被震撼了，这个东西印证出他的梦想，原来电唱机一点也不神秘，不仅只是工厂能够制造，连业余爱好者也可以。盛田昭夫下定决心，要亲手装一台电唱机。

从那时起，盛田昭夫买了许多电子学方面的书籍，开始刻苦钻研，然后又收集相关的报纸杂志，只要是有关再现声音以及收音机方面的杂志，他都如醉如痴地阅读。

有了一些电子方面的知识后，他开始购买电子零件，只要一有时间，就进行组装试验。一开始，按照书本和杂志上介绍的线路图安装，慢慢变成自己设计线路，再不断改进，经过一次次实验，积累了不少电子技术知识，实验范围也在不断扩大。

在学校上课时，盛田昭夫每天都盼着早点放学，一回家就钻进他的小屋，几乎达到了废寝忘食的地步，时常弄到深夜。

盛田昭夫的母亲虽然支持儿子，但也觉得组装机器不过玩玩而已，应该把精力集中到音乐和家族的事业上来。但是盛田昭夫的父亲不同意母亲的看法，他说："昭夫是一个与众不同的孩子，他有自己的兴趣和爱好是件好事，这种积极向上的精神让我很欣慰。"

一天深夜，盛田昭夫的母亲看他屋里的灯还亮着，就敲了敲房门，可是屋里一点反应都没有。母亲很奇怪，推门进去，想看看他是否睡着了。母亲吃了一惊，只见地板上堆满了电子零件和相关书刊，此时的盛田昭夫正在研究他的机器，根本就没注意到进来的母亲。

母亲劝他早点休息，可是盛田昭夫不肯，他说再过一会，收音机就装好了。求妈妈不要催他睡觉。母亲心疼地看着儿子，问他能行吗？可盛田昭夫态度非常坚决，说他一定会成功。盛田昭夫的执着，感动了母亲。从那一刻起，母亲也意识到，自己的儿子很了不起，将来一定会有出息。

母亲不再催他睡觉，而是在旁边看着儿子工作，一边鼓励他，一边分享他竣工的快乐。

从此，母亲不再劝他专攻音乐，支持盛田昭夫继续组装电器，并且，特意为他买了一张工作台，改善工作环境，希望他能够安心研究。

盛田昭夫在父母的支持和鼓励下，逐步扩大了组装范围，从收音机、接收器到简单的唱片机都是他组装的对象。看着那些亲手创造的宝贝，他非常快乐，享受在创造的过程中。

但是，由于他过分执迷于电器组装，把所有的心思都用在这里，结果，在学校的学习成绩直线下降。数学和物理成绩虽然还好，但地理、历史、国语很差，有时还不及格。

老师常把他叫到办公室去谈话，母亲也被学校叫去好几次。父母都很着急，严肃地和他谈话，让他停止摆弄那些电子元件，把心思用在学习上。盛田昭夫答应父母，一定好好用功，把成绩搞上去。可是成绩刚刚回升，他又开始研究起来。

有一天，在《无线与实验》杂志上，盛田昭夫看到一篇有关"磁性录音"的文章，这是他第一次获得这种信息，读后十分兴奋。试想，如果能录下自己的声音该是一件多么有趣的事情。

后来，他又看到东北大学的永井健三博士研制出了钢丝录音机的报道，这对盛田昭夫是一个巨大的鼓励，他立即决定马上动手研制钢丝录音机。整整花了一年时间，盛田昭夫做了很多试验，遗憾的是都没有成功，但是他从来都没有气馁过。

中学时期，班里也有女生喜欢他，可是他一点感觉都没有，所有心思都用在电子元件上。他暗暗下定决心，继续学习物理，日后接着研究。

中学毕业后，盛田昭夫报考了第八高等学校，也就是现在的名古屋大学的"理科"。但因成绩不好，没有考取。但他一心想进高等学府学习物理，坚信只要有理想和毅力，就没有办不到的事。经过一年的不懈努力，盛田昭夫终于如愿以偿。并且在入学后，毫不犹豫地选择了物理专业。在自己喜欢的领域里，他如鱼得水，学习成绩一直很好。

2. 恩师推荐

盛田昭夫进入高等学校后，父亲一再鼓励和支持他去各地旅行。盛田昭夫利用假期和同学们一起游览了日本各地，还出国去了韩国和中国等地，本来他还打算去美国，那是他从小就向往的地方。但由于战争，这个愿望一直到十年后才实现。

1940年，整个世界处于第二次世界大战之中，在欧洲，战争进行得非常激烈。日本的政治空气异常紧张，对新闻的检查和控制也相当严格，政府只准许报道一些乐观的消息。不过，盛田昭夫还是一个学生，不论对国际问题，还是本国的政治，他都不太关心，仍然埋头于物理学中。

在第八高等学校学习期间，由于盛田昭夫对物理学的特殊兴趣，以及他出众的才华，引起了服部学顺老师的关注。当他得知盛田昭夫毕业后仍然打算继续从事这一领域的学习和研究，老师非常高兴，就把自己的同学浅田常三郎介绍给盛田昭夫。

浅田教授在大阪帝国大学教书，是实验物理学界非常出色的学者。服部老师相信，他一定会喜欢盛田昭夫这样的学生，同时他也相信，盛田昭夫将来会在物理学领域有所建树。服部老师建议盛田昭夫在暑假期间，去拜见浅田常三郎教授。

盛田昭夫听到老师的建议，非常感激老师的帮助。他特别珍惜这个机会，一放假就立即赶往大阪。缘分似乎是前生注定的，跟教授一见面就有好感。只见浅田常三郎教授个子不高，胖胖的，长着一双明快活泼的眼睛，很幽默，心直口快。

浅田教授领着盛田昭夫参观了实验室，又向他提了许多问题，实际上也是想了解一下盛田昭夫的物理知识掌握得怎么样，还问了盛田昭夫做过哪些实验、制作过什么东西、对什么感兴趣等等。

浅田教授身居高位，面对一个初出茅庐的学生，一点不摆架子，使盛田昭夫非常高兴，自己遇到了一位既有能力，又充满自信的科学家。如果能跟随他学习和工作，是非常荣幸的事。

随后，浅田教授又向盛田昭夫介绍了实验室的研究状况，还告诉他大阪帝大在日本物理学界属于新型物理学院，是从事物理研究的人所向往的地方。大学刚建不久，设备是全新的，教授圈里年轻教授占多数，没有那种因循守旧的保守作风。

师生二人一见如故，盛田昭夫已经开始喜欢浅田教授了，他果断地决定放弃更有名的东大和京大，进入阪大学习。

父亲一直把长子当作家族继承人来培养，对于儿子选择了物理学院这件事他有些失望，原本希望儿子进大阪帝大的经济学院，而即使进了理科学院，也该选择与酿造业有关的农艺化学专业才是。尽管父亲是这样想的，但并没有反对昭夫的选择。他以为不过是一种兴趣而已，迟早还是要继承家业。

随着盛田昭夫大学生活的开始，战争也在继续。后来，浅田教授的研究室被强制编入海军，成为海军的研究机构。

不久，海军下达了命令，开始研究军事方面的技术问题，浅田教授也接手了几个研究项目，盛田昭夫自然成了教授的助手。于是和浅田在一起的时间更多了，并且更多的时间是在实验室中度过。浅田教授精通自然科学的所有领域，跟在他身边，盛田的收获很大。

那时，浅田教授常常接受报社的约稿，在解答各种科学方面的问题，还曾经在报纸上主持过科学专栏，在不涉及机密的范围内，针对科学研究方面的新突破和新进展进行解释和说明。盛田昭夫当上浅田教授的研究助手后，也时常在教授繁忙的时候，替他写一些专栏的稿件。比如有一篇关原子能理论方面的文章，盛田昭夫在其中的一段这样写道："经一定的处理，有可能利用原子能制造出威力强大的武器。"从这段论述中，可以看出盛田昭夫非常有远见。因为在当时原子能和原子武器这些概念还很模糊，而日本虽然已有两台回旋加速器，但距离利用原子能的未来还十分遥远。而当时的日本也没人知道美国制造原子弹的曼哈顿计划。

3. 进入海军服役

时间过得很快，盛田昭夫已经大二了。他将要面临毕业后被征兵入伍的现实，未来的道路何去何从，问题已经摆在他面前，不得不考虑了。

由于浅田教授的一些研究项目是海军委托的，因此就有机会接触到一些海军军官。盛田昭夫主动和他们讨论自己的想法，很想听听他们的意见。一位大佐给他提了一个建议，最好的前途是去参加海军方面招募大学生自愿兵的考试，因为海军亟须技术人员，物理系毕业生如果通过考试，可以申请终身服兵役，然后就可以成为技术军官。

盛田昭夫对于当海军军官没有什么兴趣，也不愿意当一辈子军人。可大佐说，"这是最安全的办法，在战火纷飞的日子，你可以继续从事喜欢的研究工作。"

还有一位海军上尉军官，也为盛田昭夫分析了一下：他将面临三种选择：第一种情况是毕业后就要服兵役，去哪里作战听天由命；第二种是申请短期兵役，作有物理背景的短期兵役军官，可能会被派到舰队上，操作某些技术设备，然后派往海上作战；第三种就是自愿申请终身海军。现在可以继续完成学业，将来还可以搞科学研究。除此之外别无选择。

盛田昭夫经过认真思考做出了决定，第三条道路至少可以自行选择志愿，另外两种处境会更糟。做出决定后，他稍加准备就参加了考试，结果顺利通过。就这样盛田昭夫成为一名海军军人，穿上了缀着金锚领章的海军军装，每月领取30元的工资。其他方面，正像那位海军军官分析的那样，什么都没有改变，继续在大学里学习物理。

然而，在战争时期，一切都是无常的。这种平静的日子很短，整个日本，全国上下，一切都以战争为核心，学生停课，工厂停工，大家都被迫到军工厂干活，大学理学院的学生也不例外，和一般国民一样，统一由军部直接管辖。

盛田昭夫也被派往横须贺的航空技术工厂，参加义务劳动。到工厂后，和很多人一样像机器似的，从事非常枯燥而单调的工作。车间的负责人给他一把锉刀，锉成各种形状的钢铁零件。每天的工作很乏味，盛田昭夫觉得如果再干下去，非发疯不可。

　　日复一日地无聊工作，让盛田感到非常沮丧。正在这时，他忽然接到车间负责人的指令，让他到工厂的光学部上班其他什么也没说，更没有做出任何解释，盛田昭夫猜想先前对他的使用是分配不当吧。但不管怎么说，总算脱离了那个枯燥的工作，又能用上自己的专业知识了。

　　来光学部后，盛田昭夫才了解到，只有他自己是物理专业的大学生，其他人都是海军军官和学摄影出身的技术工人，因此他受到了重用。

　　盛田昭夫第一次承担的工作就是攻克一项航空摄影方面的技术难题。在高空拍摄的胶片上，总会出现一些不规则的条纹，这些条纹直接影响了画面质量。如何消除这些条纹的确是个棘手问题。

　　他以海军军人的身份，与东京物理化学研究院的教授接洽，希望允许自己使用研究院的图书资料。教授爽快地答应他，一定全力协助。于是，盛田昭夫向实验室提出申请，每天到东京的这个图书馆开展研究工作，他的申请立刻被批准。

　　后来，由于路上花费的通勤时间太长，盛田昭夫又向上级提出申请，希望可以住在东京的一位好友家里，周末再回到横须贺，这样就可以节约大量的时间。盛田昭夫的要求获准后，他就整天泡在研究院的图书馆里，先从文献资料入手，逐渐弄清了产生这种现象的各种影响因素。

　　接下来，针对各种影响因素，盛田昭夫设计了一系列的实验进行研究，经过一段时间的努力，他找到了原因，认定高空拍摄照片时，是因为静电产生的火花，使照片受损，产生了那些不规则的条纹。

不久，他就可以在实验室中模拟出类似的火花，再经过改变电的极性，同时对照相机各个部位和胶片施加不同的电压，完全模拟出了航空摄影时产生的现象，并且，在研究所当众进行了试验。成功之后，大家对盛田昭夫的研究能力都佩服得五体投地。

原因虽然找到了，但要攻克难关，真正解决问题，还有很大的距离。盛田昭夫相信一定会找到办法，但是困难重重，首先，这个研究所没有相应的设备，研究无法进行下去。盛田昭夫写了一份报告，希望上级能够批准他去浅田教授的研究所，开展深入的研究工作。如果能够获得批准，既能在教授的指导下完成工作，还能把这一研究报告写成毕业论文。

盛田昭夫希望自己的计划能够实现，可是又怕长官不会同意，为此小心谨慎地加了几句。"我不需要差旅费，还可以自行解决食宿问题。我曾就读于该大学，还可以获得教授的帮助。我唯一的要求是进行实验时，需要大量胶片，请给予解决。我期待长官能批准我的报告，这样可以使用大学研究室里的新设备来完成这个课题。"

盛田昭夫如愿以偿，他的报告被批准了，心情特别好，终于回到了学校，可以从事自己喜欢的科研工作了。他搬进了上大学时租借的那幢公寓，一边学习一边工作，每天过得很充实，他把研究进展情况每周写一次研究报告，交给光学部。

直到义务劳动结束的前一周，才被研究所召回。盛田昭夫把自己的研究报告向研究所的高层领导宣读了一遍，也不知道他们是否听懂，也不知道这项研究的下一步工作由谁来接替，更不知道自己的论文到底有什么价值。但无论如何，他还是为自己能够独立承担研究工作而自豪。

可是有件事，当时的盛田昭夫并不知道。就是他去大阪的那天，光学部的负责人被上级长官狠狠批评了一顿，足足训了有两个小时，并且命令他赶紧去大阪把盛田带回来。但第二天发出命令的将军改变了主意。这样，盛田才没有被召回。

这些事情，光学部的负责人并没有告诉盛田昭夫，直到40年后的一次聚会上，盛田才知道那天发生的事。往事历历在目，40年的光阴对人生来说，都成为宝贵的历史财富，无论哪段往事的回忆，都充满了温馨的友情，在重逢的欢乐气氛中，盛田昭夫一再给自己当年的长官道歉。

大学毕业后，盛田昭夫被分配到滨松的海军驻地，在那里接受了针对军官的军事训练。训练很严格，历时四个月，盛田昭夫把这次训练当成一个锻炼意志和体力的好机会。

当时日本全国上下一片战争的热潮，军部鼓励中学生去当志愿兵。在早稻田大学专攻经济学的弟弟和昭也参军了，作为一名海军预备学员在海军航空队里接受轰炸机的飞行训练。小弟弟正明也当上了海军志愿兵，他的年龄太小，盛田的父母本想阻止他，可他主意已定，一切劝说都无济于事。

值得庆幸的是，盛田家兄弟三人在战后都活着回来了。而弟弟的许多同学都参加了神风特攻队，进入前线，永远回不来了。当时很多人因为没有参加上敢死队的飞行而沮丧，但后来，都为没有参加战斗而庆幸，毕竟生命是宝贵的。

1941年12月8日，清晨六点，收音机里播出一个令人难以置信的消息："日本攻击珍珠港"。盛田昭夫听到后，顿时惊呆了，他的脑海里立即产生一种预感，战争的局势不容乐观。

盛田昭夫根据自己掌握的知识，多少了解一些美国科学技术方面的情况，例如，实验中使用的金属真空管一直是从美国进口的，再如，美国电影、汽车、唱机等方面产品，都说明日本的科学技术不如西方发达，军事武器方面也是一样。如果美国被激怒，日本可能会遇到巨大的危难。但是，进攻珍珠港后，日军不断报道，已经取得了辉煌的胜利，致使大家都以为日本真的很强大了。

盛田昭夫军事训练结束后，以技术中尉的身份，回到横须贺的航空技术工厂的光学部。后来改组为第二技术工厂，并增设了红外诱导兵器和暗视瞄准装置的光热兵器部。而这一新增设的研究部门又被迁往一个叫逗子的小镇，所里有一名上校长官和几名不同级别的军官。

研究所设在一座很大的别墅里，别墅虽然有些老旧，但是透过墙上的花纹，设计讲究的庭院，还有典雅的西式建筑风格，可以看出主人的爱好和品味。

盛田昭夫住在离别墅不远的军官宿舍里，每天早晨沿着海岸步行去研究所上班。伴着徐徐的海风，放眼蔚蓝的大海，还有路旁各种风格的建筑，再配上优美的园林，每个画面都显得十分美丽。只是天上不时飞过的轰炸机，常常打破这里的风景，特别是隆隆的噪音，更是破坏了周围的宁静，让人感到格格不入，怎么也协调不起来。

盛田昭夫正式开始了他在海军的服役工作。他被任命为庶务科长，负责后勤工作，比如日常生活物资的筹办及生活上的日常事务管理等等。本来他想进入海军从事科学研究，但阴差阳错却管起了后勤。

战争已经进入后期，粮食紧缺，而研究所大多是年轻人，因为战争时期人员紧缺，许多人还是高中学生，就直接参了军。正是长身体的时候，食欲都很旺盛，而军队的供给又无法满足大家的需求。

为了改善伙食盛田昭夫不得不绞尽脑汁，他想了好多办法。盛田昭夫的一个属下，头脑很灵活，认识了当地的鱼店老板，关系相处得不错，他把军队配给的酒节约下来，拿去和鱼店老板换鱼。那时的酒可是极其稀罕的东西，这一招还真管用，时常能改善一下研究所的伙食。

但军队配给的酒很少，还是无法解决问题。盛田昭夫想到了自己家的工厂，他给父亲写信，请他把工厂酿造的酱油和黄酱给他们寄来。为了邮寄方便，他还想出一招，让父亲在桶上贴一个"海军航空技术工厂专用"的标记，以免引起不必要的麻烦。

好在盛田家的工厂一直都在生产，其产品干豆酱和酒精还被政府征用为军需物资。因此，盛田的做法，不会受到任何置疑。后来他的长官也知道了此事，虽然是违规的，但没有批评盛田，还夸奖他很能干。

4. 战争结束

盛田昭夫在研究所任庶务科长的同时，还参加海军科学技术研究会的工作。这期间，盛田昭夫遇到一个人，这人非常重要，可以说影响了盛田昭夫的一生。这个人就是井深大，日后的索尼公司就是两人亲手创建的。也许是前世注定的缘分，他们一见如故。

盛田昭夫参加的这个科学技术研究会是由陆军、海军和民间研究人员组成的。当时的盛田昭夫24岁，代表航空技术工厂光学武器部。井深大比盛田年长13岁，是研究团体中的民间代表。

当时的井深大经营了一家公司，主要产品是滤波继电器，这是一种用于无线通信设备的装置，陆军使用量很大。但在战场上，与美国技术相比，还有很大差距。因此，井深大又针对这些问题做了许多改进性研究。海军看好这一产品，想用于舰艇设备。于是就有了这个与陆海军合作的研究团体。

盛田昭夫与井深大第一次见面，是在联席会上。盛田昭夫回忆当时的情景："身为这个研究组的一员，令我非常伤脑筋。我当时只不过是个刚毕业的大学生，而其他成员都是学有专长的技术人才和军官，其中还有许多人是该研究领域的著名专家和权威。开会时，那些著名教授和陆军军官常会隔着会议桌，凑过头来问：'海军对于这点的看法如何？'对于这种质询，我必须尽可能一本正经地回答'关于这一点，海军的看法是……'"

井深大在这次会上，对盛田昭夫也有了深刻的印象。他看到盛田虽然有些拘谨，但敢于发表意见，思路敏捷。这对于一个年轻人来说，已经相当不容易了。同时，盛田昭夫也对井深大渊博的知识和极高的专业素养非常钦佩。

在接下来的合作过程中，两人不知不觉间就拉近了距离，常常在一起亲切地交谈。此后，随着越来越多的接触，盛田昭夫和井深大已经成为亲密无间的朋友。

1945年春天，欧亚战场硝烟弥漫，炮火连天，同盟国不断取得胜利，法西斯德国已经奄奄一息了。此时的日本，随着太平洋战争节节失利，美军的优势已经突显出来，可以凭借强大的空中优势，对东京横滨地区进行狂轰滥炸。

在研究所里，常常能够看到轰炸机中弹坠入大海的情景，也能看到一些大型船只遭到空袭，爆炸声日夜不断，就连脚下的大地都在颤抖。特别是1945年7月到8月，轰炸更加频繁。每当轰炸机来时，警报响起，附近的高射炮部队开始对空反击。特别是夜晚，可看见天空中织成一个纵横交错的火力网，虽然壮观，但很恐怖。

但时间长了，大家也就不那么害怕了，可以照睡不误。因为盛田昭夫发现，他们的研究所位于悬崖下面，又不是什么军事要地，美军轰炸的可能性比较小，还是比较安全的。于是，他提议，搬进研究所来住，并且，在突袭警报响起的时候，也不用去防空洞躲避，如果有意外，这是谁也没办法的事。盛田昭夫把想法说给大家，大家都觉得他分析得有道理。

随着战争的延续，大家都开始意识到，日本已经没有取胜的希望了。但是当局却狂热地期望用科学技术来扭转战争的局面。直到了1945年8月的那一刻，美军的原子弹在广岛爆炸，一切都来不及了。

那是一个闷热的夏日，盛田昭夫和大家端坐在餐桌前吃午饭，突然传来一个爆炸性的新闻，美军在广岛投下了新式武器。虽然情报内容极其简单，只说那是"发出一片刺眼亮光的新式炸弹"，没有其他任何描述。但这个消息，在刹那间仿佛击倒了所有人，盛田昭夫也感到未来的一切都变得十分渺茫。

听到这个消息，盛田昭夫毫不怀疑地认定，除了原子武器，再没有什么炸弹的威力会如此巨大。尽管大家知道美国和日本在科学技术上存在着差距，但还是没有料到，美国竟然以这么快的速度造出了原子弹。

盛田昭夫忍不住发表了自己的见解："我看，我们的研究已经没有必要进行了。美国既然具备了制造原子弹的能力，那就说明着日本大大落后于美国。现在日本的任何新式武器都无法与原子弹抗衡。"长官听了十分恼火，大声制止了盛田的言论。

随后传来的消息越来越多，也更加准确和具体，美军的确投下了原子弹。爆炸的一瞬间，被一个轰炸机驾驶员看得非常清楚，当时他正在返航，远远发现一团蘑菇云从广岛升起。虽然他不知道具体的摧毁力度，但他能够感觉到爆炸的威力极其巨大。

接下来的统计数字，震惊了所有人，广岛的15万人、长崎20万人，瞬间就被原子弹夺去生命。所有的建筑物不是被大火焚毁，就是被爆炸后形成的气浪推倒。爆炸几分钟后，下了一场黑色的原子雨，雨点大如飞弹。原子雨过后，又刮起了飓风，这是由于原子弹爆炸后形成了真空，飓风又从四面八方吹回中心。

日本陷入一片恐慌，国家的命运，人民的安全都变得扑朔迷离。虽然无法预测，但大家都意识到战争已经进入最后阶段。许多军官纷纷想办法，或借机出差，都想回家看看，跟家里人见上最后一面。

这天，长官派盛田昭夫去名古屋办事，他想这是决战前的一个机会，一定要和父母见上一面，也许就是最后一面了。于是向上司提出请求，希望在名古屋多逗留一天，回家看望父母。

获取长官同意后，盛田赶紧做准备。那天正是8月14日，出发前，盛田昭夫对非常要好的一位军官半开玩笑地说："我出差的期间，战争可能会结束。那时，谁也不知道这个研究所会变成什么样，也许海军会命令集体自杀。如果那样的话，我就不打算回到这里来了。"

虽说这是玩笑话，但被旁边的长官听见了，他很生气，大声斥责道："盛田中尉，你在说什么！你要是不回来的话，就以战时逃亡罪论处！"盛田平静地回了一句："长官，这不对，战争要是结束了，就构不成战时逃亡罪了。"

盛田昭夫在名古屋处理完公务后，赶紧奔回老家小铃谷，看望父母。

这时日本的几个大城市，由于美军的轰炸，到处都是残垣断壁，大多市民都往乡下疏散。在城市里，人身安全毫无保障，只有那些不得不留在市内的人，突袭警报一响起，就钻井防空洞。有一些居民无家可归，也躲在防空洞里。

盛田昭夫回到家中，打算与父母见上最后一面，他不敢说出自己的真实想法，生怕母亲难过。盛田昭夫和父亲一直交谈到深夜，父亲显得十分忧虑，他觉得小铃谷也不安全，和盛田昭夫商量，是否再选个地方疏散。盛田昭夫劝父亲说："谁也不知道今后的事，哪儿都一样有危险。"

父亲跟许多日本人一样，很早就意识到日本打不赢这场战争。而目前的状况，更加使人担心，不知时局到底会怎么样。父亲和儿子聊得太累，一躺下便睡着了。

第二天早晨，母亲把他们从睡梦中推醒，异常兴奋地说："听说今天中午要播放天皇陛下的讲话。"这消息令盛田父子难以相信，在日本的历史上，天皇从来没有直接对国民讲过话，普通百姓没人听到过天皇的声音。这个消息让大家都意识到，日本要发生历史性大事件。

盛田昭夫和家人早早就守在收音机旁，等待这个不同寻常的历史时刻。收音机里终于传来天皇的声音，伴随着咔、咔的杂音。尽管大家全神贯注地听着，天皇的声调很高，声音清楚，但他使用的是旧式皇室语言，让大家听不明白，但有一点已经清楚，战争终于结束了。天皇讲完之后，播音员用白话做了解释，大家完全清晰了。日本投降，结束战争。人们受到很大的震动，虽然战败投降，但结束战争对百姓来说终归是好事。

谁也不知道下一步会发生什么，但盛田昭夫觉得应该回到工作岗位上，自己是军官，军人的天职还没有结束，他必须履行义务。父母看他态度如此坚决，并没有阻拦他。

盛田估计火车和汽车都可能停运，打算骑自行车回去，需要三天才能到达。于是，母亲准备了许多食物，让他带在路上吃。但盛田骑车到火车站时，发现火车还在正点运行，盛田昭夫很容易买到一张火车票，而车上不仅有座位，还相当整洁，这完全出乎他的意料。

盛田昭夫回到研究所时，训斥过他的长官感到非常惊讶，特别是听到盛田昭夫玩笑话的那个军官，也没有想到他会回来。其实，这是因为他们不了解盛田昭夫。

接下来的任务不像想象得那样，没有接到全体自杀的命令，也没有任何其他命令，他们甚至无事可做。直到几天后才接到一个命令，要求他们销毁光学研究室的重要文件。大家马上动手，包括一切报告和所有实验数据。甚至烧掉了私人笔记，他们尽可能避免留下任何引起麻烦的东西。后来又收到一条命令，"保存一些特殊的资料。"但是已经晚了。

此外，还接到一份破坏重要机器的命令，但是研究所没有特殊的机器设备，甚至也没有任何武器。

终于，盛田昭夫盼到了他最希望听到的命令，遣送研究所的工作人员回家。这也是盛田昭夫分内的工作，他开始忙了起来，但要圆满完成这个任务却不那么容易。一是没有经费，缺少交通工具，二是有些员工和家人已经失去联系，一时不知道把他们疏散到哪里去，这些人几乎没有去处。

为了解决交通工具问题，盛田昭夫马上想到当地最大的一家货运公司。恰好，他了解到他们急需蓄电池，但在市场上又买不到。盛田昭夫知道机会来了，他把研究所的蓄电池送给货运公司，作为交换条件，请他们把员工及行李送回家乡。又把研究所的办公用具、柜子和书桌等都利用起来，与逗子火车站交换车票。

盛田昭夫还定了一条遣送顺序，希望得到大家的支持。青年学生优先，女士优先，民间人士优先，大家都觉得非常合理，离开的员工也特别满意。但是有两个高中生已经无家可归，盛田昭夫就把他们送到小铃谷的父母家中，并且托他们给母亲带了封信。信上说："我不知道会在这里待多久，我们也许会被美国人杀害，所以请你们好好照顾这两个男孩。"母亲读完这封信，号啕大哭起来。

那时情况很糟，谣言四起，有人说海军军官会被当作战犯，民间来的员工也会遭到逮捕。谁也猜不准美军会怎样对待他们。可是如今，盛田昭夫终于把该送走的人都送走了，他们已经安全了。盛田昭夫放下心来，他非常平静，早已把生死置之度外。

研究所只剩下几名军官，在新的命令来到之前，他们无所事事，偶尔用一架光学望远镜向海湾瞭望，美国舰艇很多，一艘接一艘地驶进港湾，阵势宏大，那情景就像在眼皮底下一样。

一切传说中的危险都没有发生。不久，盛田昭夫接到了返回故乡的指令。

第三章　携手创业

1. 选择职业

终于可以回家了，消息传来，大家非常高兴，任何可怕的事情都没有遇到，这是大家没有想到的。几位战友依依惜别，他们的告别，也意味着海军生涯的结束。

盛田昭夫到家后不久，两个弟弟也相继回来，一家人终于迎来了盼望已久的团圆。经历一场残酷的战争，盛田家没人受伤，真是一件值得庆幸的事。最高兴的就是母亲，她的孩子都安全回来，这是她最大的心愿，特别是听到和昭讲述那些参加神风敢死队的同学赴死的事情，母亲更是后怕。

战争终于结束了，一切都显得过于宁静，轰炸机的隆隆响声、炸弹的爆炸声和刺耳的警报声都没有了，人们似乎还不太习惯。

东京等几个大城市都遭到严重的破坏，几乎夷为平地，损失大于1923年关东大地震。居民生活水平急剧下降，物资短缺，商店里空空如也，疾病漫延，药品和医疗用品也跟不上。很多居民都迁往乡下或小城镇中。

战后的天皇在全国各地视察和演讲，走近了大众，改变了以往在百姓心中神的形象，日本民众的心理也开始变得平和起来。战后需要重建，人民希望过上好日子。但生存的困难摆在日本人民的面前，唯有电影院的状况还不错，尽管没有好看的电影，可人们无事可做，去电影里寻找暂时的安慰也是好的。

盛田家很幸运，工厂没有被轰炸，战争中也没有停工，一切都在正常运转。父亲身体安好，其他业务人员和管理人员也都能发挥很好的作用。公司还不急需盛田昭夫来接班，他还年轻，只有24岁。

就在这时，盛田昭夫接到自己恩师的一封信，是服部学顺教授写来的，他现在已经是东京工业大学物理系的教授。他在信中告诉盛田昭夫，学校正在招收那些因为战争参军而中断学业的学生，并且非常缺少老师。服部教授非常欣赏盛田昭夫的才干，希望他去当老师，讲授物理。

盛田昭夫收到信后，十分高兴，觉得这是一个机会，既可以继续搞物理研究，又可以去东京，也许还会遇到更好的发展机遇。父母非常赞成他的想法，鼓励他去做老师。

盛田昭夫决定立即动身前往东京。之所以这么着急，其中还有一件事，促使盛田昭夫必须马上去东京看个究竟。原来，他在报纸上看到了井深大的消息。那是一则报道，说井深大正在研究一种收音机接收短波的改装装置。盛田昭夫眼前一亮，他立即给井深大写了封信，想知道他的近况，盛田获悉他已经在东京了。

早在战争期间，盛田昭夫就有了将来和他一起合作，干一番事业的想法。

战争临近结束的时候，为了躲避美军对东京的轰炸，井深大把工厂和研究所都搬到了长野县。与盛田昭夫所在的逗子研究所相当远了，交通不便，盛田昭夫已经很少和井深大见面了，但他们也时常联系。

盛田昭夫还到过井深大在长野的工厂。有一次，盛田看到一件有趣的事。那是一个正在生产的零件，精度要求很高，用于雷达磁探测装置，其频率必须控制在一千赫兹·每秒。对于产品的质量，井深大的检测方法很特别，他聘请了一些乐感极好的音乐学院的学生，让他们用音叉进行检测。这种做法极具创造性，几乎无人能想到。盛田昭夫非常钦佩，从那时起，他就产生了一个想法，将来一定和他一起工作。

那时他和井深大的友谊已经很深，几乎无话不谈。井深大的岳父是一位政府官员，是当时日本首相近卫文麿的文部大臣，他知道一些内幕消息。为此，井深大与盛田交换过对战争的看法，已经判断出日本打不赢那场战争。两人在谈话中还畅想过未来，战争结束后，他们要干点什么，以及未来的前途事业等诸多问题。

井深大回到东京后，在白木屋商场大楼里设立了东京通信研究所，战争期间，白木屋商场几乎是一片废墟，因为它的地下室是真空管工厂，曾经糟到美军的轰炸。

研究所房间非常小，东京的粮食、住宿问题都很难解决，长野的职员虽然有上千名，但没有几个人愿意跟着井深大来东京。当时的东京经济情况遭透了，谁也无法预测到未来。

研究所刚刚成立时，到底如何生存下去，大家不断进行讨论，或者说必须解决做什么买卖才能赚到钱，使研究所生存下去。有人提议搞娱乐项目，因为电影院不是很火吗，还有人建议搞食品行业，在食品短缺的时候，一定能赚到钱。于是他们一致决定搞电饭锅。

很快，电饭锅研究出来了，在锅底装上电极，利用水的导电性，等水被米饭吸干，不再导电，饭也煮熟了。他们反复做着实验，但总是控制不好，不是煮不熟，就是烧焦了。可研究所里的人员非常愿意做这种实验，因为在食物短缺的时候，免费品尝那些米饭是非常奢侈的事情。最后他们没有成功，放弃了电饭锅的研制。

这时，井深大又想到一个主意，他要改装收音机。战争期间，日本政府对媒体控制得相当严格，不允许老百姓收听短波广播。现在战争结束了，收听短波的行为已经不再违法，百姓迫切需要这一功能的收音机。战后的日本经济困难，百姓没有闲钱，不可能购买新的收音机，改装是最好的办法，即省钱又解决问题。

井深大开始着手研究收音机的改装，只用了一个真空管，再加上几个简单的电子元件，就组成了一个短波接收器，安装在任何一种型号的收音机上都可以，深受民众的欢迎和喜爱，产品销路非常好。报纸上也报道了他们的消息。而盛田昭夫就是看到这一报道，才联系上了井深大。

盛田昭夫来到东京后，在服部老师那里报了到，安顿好住处，立即去看望井深大。

找到地址后，盛田昭夫看到的是一个叫白木屋的商场，在战争中遭到了美军的轰炸，现在已经被烧得破烂不堪，惨不忍睹。研究所很小，几乎没有什么资产，但井深大信心百倍，他说，只要能生存，未来就有希望。

盛田昭夫也坚信将来一定能成事，他愿意来研究所帮忙，但看见公司的状况，他说工作是义务的，先不要报酬，反正自己现在有工资，吃饭不成问题，等研究所状况好了再说。

两人进行了长时间的交谈，他们决定携手合作，共谋大业。经过三个月的艰苦努力，盛田昭夫和井深大决定成立新公司。这时，正是1946年3月。

在成立新公司之前，有件事需要解决。这就是盛田昭夫是家里的长子，但如果创建公司，就没有精力继承家业了。这么大的事，必须征得父亲的同意才行。在日本，长子继承家业是天经地义的事，如果长子从事其他工作，就相当于被别人领养了一样。父亲能不能同意，盛田昭夫心里没有底。

俩人经过商议，决定在4月份拜访盛田昭夫的父亲，求得他的同意。为了表明郑重的态度和周全的礼节，也为了增加一些分量，井深大和盛田还邀请了井深大的岳父，前田多闻先生，三人一起前往盛田昭夫家里，准备说服他的父亲。

三人来到小铃谷，父亲热情接待了二位客人。多年以后井深大的岳父前田先生还回忆说，那些丰盛的美食非常可口。谈话一直在和谐的气氛中进行，井深大和岳父直接说明了来意，并且还描述了公司的规划与未来的设想，也极力说明盛田昭夫在公司中举足轻重的作用。

说完之后，三个人忐忑不安地等待盛田父亲的答复，特别是盛田，他多么希望父亲能够理解他，支持他从事自己喜欢的工作。

盛田父亲一点都不惊讶，似乎早就有所准备，他说："我一直希望昭夫作为继承人担起家长的职责，继承家业。但是，如果他为了磨炼自己或者为了发挥自己的才能想干其他事情，我想也是可以的。"

又冲着儿子笑笑说："就去干你自己喜欢的事吧。"三个人十分惊讶，万万没有想到盛田父亲竟然这么爽快就答应了。这之前，他们都认为应该是一场非常艰难的说服工作，并且，还不一定会成功，没有想到事情办得这么容易。

盛田昭夫非常感激父亲的支持，也感谢弟弟，因为和昭当即答应父亲，自己可以继承家业，支持哥哥的行为。父亲的决定不是一瞬间做出的，他早就意识到，昭夫是个特别的孩子，将来一定有出息。只要儿子喜欢，父亲觉得应该牺牲家族利益来支持儿子，这样也许更利于孩子的一生。

盛田父亲不但支持儿子的行动，还非常豪爽地对他们说，如果你们有困难，吃不上饭了，随时来小铃谷，并且还把管家派来，协助掌管公司的财务。

忙着新公司的开张，盛田昭夫的心已经不在学校的工作上了，尽管东京大学讲师的工作还不错，收入也好，但他不想分心，希望集中精力与井深大共同创业，可是他找不到合适的理由辞职，觉得有些对不住服部教授对自己的信任。

正巧在这时，他在报上看到一则消息"美国进驻军要将曾经当过职业军人的人，从日本所有学校里统统开除出去，以免军国思想影响下一代。"看到这个消息，盛田昭夫不但没有沮丧，反而非常高兴，他终于可以有一个名正言顺的理由向学校辞职了。

他立即去找服部教授，把报纸拿给老师看。说他不能再追随恩师了。服部教授非常吃惊，他特别欣赏盛田的才华，如果不当老师实在太可惜了。服部教授连忙找到校长，想知道学校对此事的态度。校长答复说，并没有接到上级通知，并且劝盛田继续留校任教。

又过了三个月，盛田昭夫实在太忙，他希望全身心地投入到创业中去。而更重要的是他不喜欢老师这个职业，更喜欢开办公司。于是，他又去拜访服部教授，说出了真实的想法。

随后，盛田拿着报纸去找校长，再次提出辞职的事。他知道校长做事非常谨慎，就对校长说："从这份报纸上看，我在开除之列。现在学校已经知道此事，还不做出反应，如果当局知道，可能会给学校带来麻烦，希望校长慎重考虑我的请求。"这句话很有分量，校长不得不认真考虑，经过权衡，他决定答应盛田昭夫的请求，可以不来学校上班，去公司工作了。

但学校还是想挽留他，一直给盛田昭夫发工资。直到1946年10月，日本文部省下达通知，实行那项政策之后，才彻底解除了他的人事关系。

2. 创业

1946年5月，井深大与盛田昭夫注册了公司，定名为东京通信工业公司，也就是日后世界闻名的索尼公司。他们创业的梦想终于起步了。从此，两人开始了一生的合作。

注册资金19万日元，相当于500美元。公司规模很小，只有20名员工。前田多闻任社长，井深大任常务理事，盛田昭夫任董事。

他们拟定了公司未来的发展宗旨和方向，并且形成了文件。他们这样写道：给技术人员提供一种对技术工作感兴趣、有社会使命感、自由和安定的工作环境。在基本经营理念中，反对不正当赚钱主义，把重点放在有价值的工作上，我们虽然竞争不过大公司，但我们要在技术上创新和领先，做大公司不能做的事，为国家复兴做贡献。

从这段话中，可以看出创业者美好的理想和远大志向。日后的索尼，也是这样做的。

万事开头难，公司虽然成立了，但经营状况仍然十分艰难。资金很快就花完了，盛田昭夫不得不向父亲借钱，好在父亲对他们的未来充满希望和信任，不催着还款。后来，又把这笔钱作为投资入了股，以至成了索尼的大股东。

战后的东京，一切都在恢复和重建之中，白木屋商店为了扩大营业面积，收回了一些出租的楼层，开始装修，准备投入营业。房主告知东京通信公司，装修之后，没有房间再租给他们，现在，他们必须搬家。

幸好有朋友帮助，借了一个配件厂，安置了生产设备。可是面积太小，他们又借了一个破旧的汽车库，设为工厂，两处同时工作。生产条件十分艰苦，外面下大雨，屋里下小雨。当时，有位亲戚来看望盛田昭夫，他万万没有想到，尊贵的盛田家大少爷不在家里继承祖业，却在这种四处漏雨的工厂里工作。混到如此地步，他还信心百倍，简直不可思议。

把工厂安顿好，已经很知足了，但办公室还没有着落，他们四处找房子，可一直找不到合适的地方。就在这时，盛田昭夫的妹夫岩间和夫帮了忙，他的舅舅决定把房子借给他们当办公室，真是雪中送炭。而且，那个地方位于繁华的地界，这让盛田昭夫和井深大都非常高兴。与此同时，岩间和夫也被盛田邀请到公司来一起创业。

战后的日本政府采取了一系列控制货币的政策，这些措施使公司的资金运转更加艰难。公司要想生存下去，一是找到赚钱的买卖，二是节约成本。

井深大和盛田昭夫虽说是公司的领导，但除了负责管理工作之外，还要为工厂采购材料和工具、装卸运送货物等等。他们还花了3.6万日元买了一辆破旧的小型卡车，而只有井深大和盛田昭夫有驾照，他们还得当司机。

当然，这算不上什么困难，更大的难题是把产品迅速卖给消费者，使资金运转起来。

公司第一个赚钱的产品是电褥子。产品上市时，正值日本的冬季，销路很好。但是电褥子的安全问题存在许多隐患。因为电压不稳定，导致电热毯过热起火。一时间因为电褥子引起火灾的事故频频发生。

据说，日本国宝级的壁画被焚毁的那场火灾，就是电褥子引起的。好在经过调查之后，那个电褥子不是他们公司生产的，这才长出了一口气。他们不敢把东信公司的品牌打上去，害怕毁了公司的形象，只以银座商会的名义来推销产品。可这终归不是长久之计，他们必须找到新的出路。

当时，有人提出应该生产收音机，因为生产电气产品的大厂家都在制造新型收音机。但是井深大坚决反对，他认为收音机虽然是短缺产品，但大公司实力强，战后恢复得很快，要想与他们竞争，取胜的可能性非常小。即使能够生产出来，这之前也需要大量的时间、新技术和研发经费等等。而公司随时都有倒闭的可能，这些障碍他们无法跨越。

井深大和盛田昭夫经过研究和考察，注意到一个问题，大的电子厂家只热衷于生产新型收音机，对维修使用的配件却不感兴趣。特别是战后的日本很贫穷，有许多老式唱机，人们不会轻易把它扔掉，只要修理和改造一下，换上新型的马达和拾音器，效果会不错。这些生意利润不大，那些大公司不愿意生产，嫌它赚钱太少。这正好给了东信公司一个机会，因为没有竞争对手，成功的概率极大，于是他们决定立即制作这些东西。

原料几乎没有成本，是在轰炸后的废墟里捡来的铁棒，经过加工后，再进行精准的校验，生产出了电唱机的拾音器。推销人员拿到市场上去叫卖，一开始生意并不好，但后来，那些爵士乐爱好者一致认为音响效果特别好，于是销路大开。

东信公司开始大量生产这种拾音器，用于改造老式电唱机。这个产品的问世，使公司渐渐有了起色。多亏生产这些零配件，才使公司免于破产。

事实证明，这种填补市场空白的做法是非常正确的。既避开了与大公司竞争，又踏踏实实地作别人不愿意干的事，并以产品质量赢得了消费者。

3. 开发新产品

公司的生存问题解决之后，井深大和盛田昭夫开始考虑公司未来的发展方向。他们意识到，如果在这些小打小闹的零件领域一直做下去，将来是没有前途的。只有生产出创新产品，也就是市场上还没有的产品，走在时代前面，才能使公司不断发展。他们时刻思索着，什么是目前日本没有的东西，那才是应该追求的伟大目标。

他们也尝试过一些计划，但一直没有找到成功的突破口。这一回，他们看好了德国制造的钢丝录音机。早在1930年初，德国的德律风根公司就研发出来了，在当时的日本还没有一家企业能够生产。如果东信能率先推出这个产品，其前景一定非常可观，这个计划很诱人。

井深大和盛田昭夫开始准备研发钢丝录音机，他们把这个任务交给木原信敏负责。木原是井深大的老朋友，1947年4月进入东京通信工业公司。他非常欣赏井深的为人，所以看到他的招聘广告，立即加入了公司。

木原信敏很有才华，也非常努力，但是寻找制造钢丝录音机的关键材料时遇到了困难。用于录音的特种钢技术含量很高，直径在0.1毫米，能生产这种钢丝的厂家不多，大阪住友金属公司就有这个生产能力，但是谈判结果令人失望，他们不愿意生产，因为没有多少利润。

之后，又接连二三找了几家公司，情况大致差不多，都嫌订单太小，无利可图，再加上工艺要求高、生产成本高，没有人愿意承担。制造钢丝录音机的计划，还没有实施就搁浅了。

就在这时，麻烦事又来了，借给他们当厂房的车库主人要收回房子，要求东信公司立即搬家。

其实，这个车库虽然和消防车共用，但车库面积足够用，互不影响。房主收回车库的原因只是与电力供应有关。战后的经济处于复苏阶段，一方面用电量大增，另一方面缺水缺煤，能源供应不足，水电和火电发电能力都在明显下降，因而供电情况一时无法改善。

为了缓解电力供求矛盾的恶化，政府在1946年11月，实行电力使用限制。但是，却没有起到什么作用。于是又加大了限制的力度。果然，大街上的霓虹灯消失了，家用电器的使用也受到限制，还经常限电拉闸，蜡烛成了每家的必需品，工厂和电影院都设立了"休电日"。

为此，东京通信工业公司的职工不得不加班，只要来电，就赶紧生产。车库的房主看到工厂的用电量这么大，唯恐政府限制生产用电而拉闸，就会影响他们的日常生活，所以要求东信公司立即搬走。

当时，正是接近年关的时候，房子很不好找，盛田和井深四处奔波，好不容易在品川御殿山租到了一个仓库，是汽化器公司的仓库，一个非常简陋的木棚子。虽然破烂不堪，但只要能找到地方，他们就知足了。

搬家的时候，正是1947年1月，天气很冷。眼看过年了，公司的资金周转不开，没有钱给职员发工资，银行又不肯贷款。而日本政府又在这个时候出台了新的货币政策，为抑制通货膨胀，将旧币换成新币，以前的存款都被冻结，每人每月只能从银行提取500日元。

为了渡过难关，他们把仅有的一辆小型卡车卖掉了，但还缺5万日元。真是焦头烂额，几乎被逼得走投无路。井深大和盛田昭夫只好硬着头皮去借钱，再次拜访作家野村胡堂，当时他的作品卖得很火。井深大是个极其憨厚的人，怎么也开不了口，实在没办法，说借三万元。盛田昭夫急得不行，在旁边又追加一万元。还好，野村胡堂非常信任他们，很爽快地答应了。还缺1万元怎么办，盛田昭夫只得再次向父亲开口。

前面开发钢丝录音机的事已经没谱了，现在又面临巨额的债务，公司随时都有破产的可能。但是塞翁失马，焉知非福，转机竟然悄悄地来了。事情要从广播电台的一个订单说起。

当时的日本，由于战争的影响，不仅国民经济受到损失，其他各个方面都受到影响。战前有100多万台电话，战后减少到了50万台，这50万台的运行情况还非常糟糕，一下雨就听不清。同样，广播网也受到设备的影响，信息传达到各地的广播设备上，常常是模糊不清的。

占领军当局希望尽快在日本推进民主化进程，首先媒体宣传要跟得上形势的发展。要求提升全国广播网的功能和档次，在日本建造无线电中转接收站，修复和改造原来的广播通信设施。

这项任务的技术含量不低，工期还很紧，既费事又赚不了多少钱，大厂家当然不愿意干。为了完成任务，NHK广播电台的技术员岛茂雄突然想到了老朋友井深大，他们原来是大学同学，知道井深大的才干，相信他就是最佳人选。

井深大和盛田昭夫得知这个信息，特别高兴，真是雪中送炭，来得特别是时候。具体点说，这是一个改装电子通信设备的工作。当时在政府的防空洞中，贮存着大量未启用的陆军通信器材，其中有短波、中波无线电接收机。广播电台想用低廉的价格把它买过来，然后进行改造，制成大型混频装置，用在广播设备上。

在岛茂雄的引荐下，负责NHK电台的美军军官来到东京通信工业公司，他们要实地考察一下这个工厂。当他看到这么小的公司，又是如此破旧的厂房，非常怀疑他们的生产能力。经过岛茂雄一再劝说和保证，美军负责人才勉强把任务交给他们。

两个月的工期很快就到了，但是井深大和盛田昭夫没有辜负对他们的信任，按时完成了任务。经过播音室的测试和使用，证明其工程质量非常好，不亚于欧美发达国家的水平。

广播电台的工程负责人满意极了，向井深大表示热烈祝贺和感谢，特别是那个曾经持怀疑态度的军官，十分惊讶，他几乎不敢相信自己的眼睛，那么糟糕的环境竟然能生产出质量这么好的产品，简直不可思议。

由于任务完成得非常漂亮，使NHK第九播音室的改造项目获得成功，他们又得到了下一个订单，改装第六播音室的设备。接下来，一发不可收，东京第一播音室，以及东京和其他城市的许多电子播音改装工程都包给了他们。

在此期间，又一个机会悄悄降临了，也就是前面提到的那个机遇。有一次，井深大亲自把产品送到NHK广播电台总部，调试完机器后，还没等他坐下来休息，竟意外发现旁边有一台很特别的录音机，井深大非常感兴趣。

它不是钢丝录音机，而是一台美国威鲁克库斯基公司生产的磁带录音机，据说是盟军最高司令部带来的。这也是井深大第一次见到磁带录音机，令他耳目一新。从那毫不失真的音色上，井深大断定这种录音机的功能是任何一种钢丝录音机都无法比拟的。

钢丝录音机很笨重，内有卷线轴和大量的钢丝，不仅容量受限，功能也受限，不能对录制的东西进行剪辑，如果想修改，就得重新录，成本高不说，还相当麻烦。磁带录音机不仅克服了这些缺点，更重要的是杂音少，音色纯正。

井深大抵制不住心中的兴奋，脑子里立即冒出一个大胆的计划，如果自己的公司能够在日本率先生产这种磁带录音机，就可以和德国、美国发达国家相媲美，自行生产世界上最先进的录音机。井深大越想越高兴，似乎看见了未来的美好前景。

为了激发研究人员的热情，也为了取得公司上上下下的支持，井深大想把录音机借回公司，让大家亲眼看见一回。井深大恳求美军军官霍伊姆兹帮帮忙，满足自己的要求。可是被他一口回绝说："贵重物品，概不外借。"

井深大一点不灰心，软磨硬泡，霍伊姆兹终于被他的热情和诚恳打动，同意由自己带着录音机，去井深大的公司走一趟。就这样，东信公司的全体员工大饱眼福，围着这台机器看来看去，被它的精彩表演所折服。特别是盛田昭夫，觉得终于找到了理想的目标，坚决支持井深大，他们立志研发日本第一台磁带录音机。

可刚刚开始策划，就有一人坚决反对，他就是盛田父亲派来监督公司财政的会计师长谷川纯一。自从公司成立以来，井深大没少研究新产品，但一无所获。长谷川这回仍然用老眼光看人，不相信他们能搞出什么名堂，除了白白花掉本来就很紧张的研发费用，剩下的就是瞎折腾而已。

为了说服长谷川，盛田昭夫和井深大把长谷川请到一家黑市餐馆盛情款待，三人边吃边聊，一直到深夜，还点了当时很难搞到的啤酒。借着酒劲，反复和长谷川讨论磁带录音机的种种好处，并指出这是电子行业中的一场革命，如果成功了，就会在日本处于领先地位，如果我们不做，被别人领先，就失去一个历史机遇，恐怕会后悔一辈子。

这个办法很有效，长谷川终于同意了他们的计划，大声地说："你们这两个赌徒，去赌一把吧，我把整个家当都押上，绝不反悔！"

研发工作开始了，首先，他们决定采用东北大学永井教授等人发明的交流偏压录音法，但这个技术是一个专利，必须把它买下来才能使用。这项专利是在1938年，永井教授与弟子五十岚梯山、安立电气公司的石川诚三人的共同研究成果，专利拥有权属于安立电气公司。于是，他们找到安立电气公司洽谈购买事宜。

很巧，安立电气公司经理矶英治先生是井深大的中学同学，那时都是无线电爱好者。看在老同学的情分上，同意出售专利，但是要价50万日元。这对井深大和盛田昭夫来说，可是个天文数字，一下子难倒了他们。

但价钱不能通融。安立电气公司曾经是日本闻名的通讯机械制造公司，他们还试验成功了钢丝磁气录音机。只是由于战后向民需品转换不及时等诸多因素，经营状况不好，濒临倒闭，他们想尽可能多卖点钱，这也是很自然的事。

而井深大和盛田昭夫实在筹不到这么多钱。但是，天无绝伦之路，事情马上就有了转机。一个偶然的机会，井深大和日本电气公司的多田正信说起此事，多田当即答应帮忙，但有个条件，双方各自出资一半，共享专利。就这样，两个公司各出资25万，得到了交流偏压法的专利权。

专利问题的解决仅仅是一个开端，技术研究方面的难题一个接着一个。就拿磁带制作来说吧，这可是磁带录音机的关键环节，研究一开始就陷入困境，他们仅有一些钢丝录音机的研发经验，磁带录音机到底是怎么回事，在日本没人知道，这方面的知识和制作工艺在国际上是保密的，唯一的办法只能靠自己。

井深大和盛田昭夫带领公司技术人员，从寻找制作磁带的材料入手，展开试验。那时美国的磁带已采用塑胶为带基，可日本没有这种东西，只得另找替代品。有人想到用玻璃纸做基材，结果失败了，因为玻璃纸的强度不够，容易变形，导致声音失真。

后来他们又想到了纸，经过反复试验，也取得了一些成果。这种纸的特点，必须具有很强的耐拉力；但又必须很薄，如果纸太厚，势必造成卷带盘过大；纸的表面平滑度、吸附度还要好，有利于喷涂磁性材料，并保持均匀。满足这些苛刻条件的纸，到哪里去找，这本身就是一大难题，当时的日本还没有一家工厂能够生产。

屡屡碰壁之后，盛田昭夫突然想起自己的堂兄，他在本州造纸厂担任规划课长，决定到那里碰碰运气。当即与户泽圭三郎一道，直奔那里，并且还带上借来的磁带录音机。在盛田昭夫堂兄的引见下，他们拜见了造纸厂负责人。盛田昭夫当场把他们的谈话录了下来，然后放给他们听。这一招很有效，造纸厂的领导对此产生了极大兴趣。

盛田昭夫赶紧抓住时机，非常诚挚地恳求说："我们现在正在研制这种机器。可是由于没有理想的原材料，研制工作无法进展。我们需要一种特殊的纸张，但日本没人能生产。请贵公司无论如何也要帮帮我们，研制出这种特殊的纸张。"造纸厂的领导被他们大胆创新的精神所感动。经过商议，决定尽全力给予协作。

基础材料已经解决。可下一步更艰难了。磁带上面的磁性涂层又是关键，用什么物质才合适，他们做了大量实验，但一直无法突破。

担任磁带录音机研制工程的木原信敏，韧劲十足，一点也不灰心。在实验的同时，大量查阅相关资料。功夫不负有心人，他终于找到这样的记载：除去草酸亚铁中的水蒸气和二氧化碳气体，可得细小的三氧化二铁粉末，将粉末制成棒状，即成磁石。

木原信敏突然明白自己失败的原因了，他兴奋地找到盛田昭夫。二人急匆匆赶到神田的药材批发市场，四处寻找。结果还好，终于在一家药品商店找到这种试剂，他们买了两瓶回来。

一时也找不到合适的设备，他们就把那些黄色的草酸亚铁粉末放进煎锅里，进行烘烤，像做饭一样，拿着木制饭勺不停地搅拌，凭着丰富的化学知识来掌握火候，一直加热到粉末变成棕色的氧化铁为止。

他们把粉末取出来，混到透明的喷漆里，再用喷枪喷到纸带上。可是喷枪的效果并不好，既不均匀，还易浪费。他们又想办法改进，最后，用毛笔涂上去，这回才让他们感到满意。

整个研发过程曲折而有趣，充满了创造性和挑战性，过五关斩六将，终于成形了。当机器第一次录下井深大"喂，喂"的声音后，众人都屏住呼吸，看着他按下了播放按钮。录音机里顿时响起了"喂，喂"的声音，虽然还不太清楚，但大家都感到无比兴奋，觉得这是世界上最美妙的声音，这意味着离成功已经不远了。

磁带录音机涉及的技术是多方面的，为了更好地进行研发，盛田昭夫和井深大通过各种渠道，引进了许多人才，包括化学、物理、电气工程等方面的工程师，形成了一个以木原信敏为中心的磁带录音机研制集体。

1949年9月完成了样机的制作，接下来，又进行了多项后期改良试制，也与其他公司进行协商，联合生产一些零部件等等，工作紧张而有序。

经过大家的努力，终于在1950年1月，"G－1型"磁带录音机研制成功。这是日本第一台国产磁带录音机，它的诞生，标志着日本可以与西方发达国家在这一技术方面，具有竞争实力了。虽然这款录音机又大又笨重，但性能完全超越了钢丝录音机。

看着大家辛勤播种的小苗已经开花结果，井深大和盛田昭夫似乎也看见了未来美好的前景，公司的辉煌指日可待。

这一年，井深大出任社长。盛田昭夫出任高级总经理和代理董事。

接下来，公司上下齐心协力，进入批量生产阶段，产品终于面世了。50台磁带录音机整齐地摆在那里，大家沉浸在成功的喜悦之中。井深大和盛田昭夫也认为，只要顾客看到这个新产品，听到它发出纯正美妙的声音，就会被倾倒、被征服，订单自然源源不断。

可是万万没有想到，大家的想法全错了。当时的日本人，不但没见过磁带录音机，就连听说过的人都很少，这东西到底有什么用，为什么要去买这个东西，几乎没人感兴趣。况且战后的日本，百姓的生活水平很低，恢复经济是主题。录音机只是属于娱乐的范畴，更谈不上成为家庭必需品了。

面对这种现实，销售人员一筹莫展。井深大和盛田昭夫也焦虑万分，关于如何打开市场，他们从来没有研究过消费者心理，也不知道应该怎么办。于是发动公司的员工，逢人便介绍这种录音机，只要有机会就向人展示。

录音机体积庞大，重达35公斤，并且价格很贵，17万日元。而当时一个大学毕业生的月薪还不到1万日元。因此普通百姓不可能成为消费者。虽然许多人第一次听到被录下的声音十分兴奋，但仍然没人肯出钱购买。

这些问题，在生产研发的时候，井深大和盛田昭夫想都没有想过，可是现在就摆在桌面上。如果不能解决，工厂将无法运转下去，美梦几乎要破灭了。

4. 在营销中站稳脚跟

销售录音机的事，迫使盛田昭夫进行了深入的反思。费了九牛二虎之力研制出的磁带录音机竟然没有人买，失败的原因到底是什么？如何走出现在面临的困境？那条生产者与消费者之间的桥梁在哪里架设？这些问题时时困扰着他。仅有一流的优质产品，这是不够的，必须有顾客和市场，公司才能生存下去。

盛田还意识到，没有营销方面的知识和经验，也不考虑市场需求，这是工程师的思维，以为只要是创新产品，只要是日本没有的东西，人们一旦看到它，就会和自己一样被迷住，这是不对的，消费者与专业工程师的想法怎么会一致呢？

盛田昭夫第一次认识到，必须改变工程师思维，仅靠技术领先还只是第一步，如果没有市场，再好的技术也会束之高阁。

经过认真思考，他决定放弃喜欢的技术研究，专门从事推销工作。因为他觉得井深大是个技术天才，应该让他专心搞技术，不要在销售这一块分他的心。现在遇到了麻烦，就让自己来解决这个难题吧。

盛田昭夫开始想办法，四处找机会，向人们展示录音机的功能。结果还是一样，大家在一阵惊奇之后，统统都说太贵了。到底怎么解决这个问题，一直在困扰着他。

就在他为销售束手无策时，有个人看好了他们的产品，他就是八云产业公司的职员仓桥正雄。那时，他正在管理尾张德川的家产，公司状况不太乐观，财政上也陷入了困境。他一心想搞点新的买卖，来帮助八云产业，便主动提出由八云产业来推销磁带录音机。

经过协商，仓桥正雄以每部12万日元的价格采购了50部录音机。但是，推销并不顺利。他带着德川家的介绍信和产品四处奔波，半年时间才卖掉一部。购买者是一家小吃店，店主并不是看好录音机的功能，而是为了用这个新鲜玩意儿招徕顾客。

盛田昭夫也为八云产业担心，积极想办法帮助他推销，还动员公司闲散职员展开各种宣传活动。

1950年11月5日，日本国会图书馆举办了一次日本新技术展览会，东京通信工业公司也接到邀请，展出了G－1型磁带录音机，由仓桥正雄担任讲解员。

这天，皇后、贞明皇太后和几位公主光临展厅，认真地参观了各公司的展品。她们在东京通信工业公司展台前被磁带录音机吸引，产生了浓厚兴趣，向仓桥正雄问了许多问题，精明的仓桥正雄立即将问话录了下来。

可是他想把声音放出来给皇后听时，录音机却出了故障，怎么也放不出来，急得他满头大汗，不知如何是好，那个尴尬的样子把皇后都逗笑了。手忙脚乱的仓桥无意中拍了一下录音机，没想到竟然把声音给拍出来了。皇后的声音从录音机放出来时，周围响起了掌声。

这个情境也引起了记者的关注，第二天的报纸上刊载了一张照片，并以"欣闻己声，忍俊不禁的皇后陛下"为题，写了一篇报道。仓桥正雄看到这条消息，为自己当时焦急而失态的样子感到特别难为情。谁知因祸得福，仓桥也因此出了名，同时，他又获悉一个好消息，国会图书馆决定购买一台录音机。

仓桥更加坚定了推销信心，在德川的介绍下，他带着磁带录音机到名古屋高等检察厅推销，结果又卖出一台。

通过一系列销售工作，盛田昭夫渐渐有了一些营销的理念，但仍然是模糊的。那天路过一个古玩店，受到一个顾客的启示，他突然感到豁然开朗，理清了自己的思绪，他对营销有了全新的认识。

盛田昭夫本来对古玩没有什么兴趣，只是偶然路过古玩店。只见一个买主，正巧在那里购买花瓶。盛田看见古董的标价贵得惊人。如果从实用的角度讲，那些东西没有什么价值，况且像瓷花瓶这类的古董，极易破碎，不好保存。可是买主非常慷慨，愿意出高价，而且毫不犹豫。

盛田昭夫睁大了眼睛看着交易过程，很是惊讶，花瓶的价格比磁带录音机可要贵得多。等顾客出了店门，盛田马上追过来，他想问个究竟："打扰一下，您为什么花这么多钱买一个毫无用处的花瓶呢？"

顾客说："在别人眼里，它可能没有丝毫用处，但是在我眼里，它是一个无价之宝。"

盛田昭夫又追问他，为什么是无价之宝。那位顾客笑着说："很多人买花瓶，可能会考虑它的实用性，但我是从审美的角度来评估它的价值。如果作为收藏品，从投资的角度考虑，它的价值也许更大。"

听了这番话，盛田昭夫受到很大震动，他似乎明白了什么。回公司的路上，反复琢磨这个顾客的观点。商品到底有多大价值，就看从什么角度看了。一只花瓶都有人愿意出大价钱，更何况比花瓶有实用价值的录音机了，只要用心找，一定能找到认可录音机价值的人。只有找对了买主，才能将产品卖出去。

盛田昭夫豁然开朗，推销问题的症结终于找到了。他异常兴奋，为自己的新观点感到欢欣鼓舞。他立即回公司与前田先生谈了这些想法，他们对市场进行了分析，看看到底哪些地方需要他的磁带录音机，两人在讨论中互相启发，不谋而合地想到了法院。

前田听他的朋友讲过，现在法院缺少速记员，由于战争的影响，许多人被迫离开学校，而速记人员又不是一天两天能培养出来的，日本法庭一直找不到解决办法。经过前田的斡旋，盛田昭夫获得了机会，他亲自带上录音机，来到日本最高法院。

经过展示和讲解磁带录音机的功能和用途，打动了最高法院的领导，几乎是毫不犹豫地做出决定，立即购买，并且一下子买了20台。对法院来讲，录音机的价值不仅仅是一个工具，它能够帮助法院提高工作效率，并且准确无误地记录，还能连续工作。

这次推销实践的成功，使盛田昭夫悟到了生产和销售是一个整体，生产之前就要考虑销售的问题。他也和井深大进行了多次讨论，最后取得共识：要按照消费者的需求，生产出价格便宜的商品来。

通过这些失败和成功的销售经验，他们已经意识到过去失误的根源了，因为预先没有认真考虑过使用目的和需要，只是考虑发挥自己的技术优势，出于对自己创新产品的偏爱，认为"即使价钱略高一点，但只要东西好，就一定能卖出去"，这是不对的。所以现在必须更新观念，认真研究如何唤起买者的需求，再就是生产什么样的商品才能令消费者满意。

根据这些共识，他们准备改进录音机。就在这个时候，东京艺术大学的一个学生来到东京通信工业公司，这人就是日后成为盛田昭夫接班人的大贺典雄。

原来，他对磁带录音机非常有兴趣，很早就向教授们提出建议，应该购买磁带录音机。他认为，录音机的作用对音乐家来说无可替代，就像芭蕾舞演员需要镜子一样。东京艺术大学接受了大贺典雄的建议，购买了一部磁带录音机。

大贺典雄这回来公司的目的是提意见的，希望他们改进产品，因为在使用过程中他们发现东信的录音机有许多不足，如果用于音乐教育，必须对某些具体功能实施改良。并且，准备再订购一台适合他们需要的录音机。不久，大贺典雄为了协商订单内容，再次来到公司。这一回，井深大接待了他。

谈话过程中，井深大非常吃惊，这个音乐学院的学生不仅志向高远，想当一名音乐家，还精通电子音响，对频率、音色、电路、电阻等问题谈得头头是道。这让井深大获得很多启示。

订单谈妥后，井深大连忙找回正在推销录音机的盛田昭夫，说他已经知道G型录音机销路不好的原因了。两人彻夜长谈，一条一条分析G-1型录音机的弊病，他们下决心采取改进措施，一定生产出使用者满意的产品。

于是很快设计和生产出各种功能的录音机。H型录音机就是这期间的杰作，它的设计原则是针对学校为销售目标，适合学英语使用，体积很小，价格控制在学校所能接受的范围内。

当时的日本正是大力普及英语的时候，由于日本在战争时期不允许使用英语，而战后美军入驻后，要求普及英语教育，特别是要求提高英语口语水平。而当时日本的英文老师又很少。井深大和盛田昭夫预测，这一政策有利于他们推销，录音机一定会大受欢迎，成为学生学英语的好帮手。

为了大力开发市场，盛田昭夫组建了销售队伍。1951年2月，东京录音公司正式成立，并把仓桥正雄挖过来，负责销售工作。1951年3月开始销售H型录音机，它的重量为13公斤，价格8万日元，体积比公文包稍大一些。

盛田昭夫带领销售团队到全国各地的学校做宣传，介绍录音机的功能和使用方法。这回，由于找准了对象，产品对路，营业额直线上升。

就在这时，盛田又弄到一本美制的磁带录音机使用说明书《磁带录音机应用99法》，他幽默地说，这是山姆大叔送给他的礼物。这本书使他们大受启发，通过说明中列举的各个领域应用方法，又可以找到录音机的潜在市场。公司还借鉴这个说明书，搞了一个自已的应用手册，还把录音机的使用领域扩大到教育、办公、宣传、通信、娱乐、播放戏剧、研究测试、盲人交谈记录等等。

这期间，在盟军最高司令部的监控之下，日本开始实施远程教育。利用NHK广播电台。在规定的时间播放一些课程，如果把电台广播录在磁带录音机里，就可以依据学校的需要反复播放了。对于东京通信工业公司来说，真是个千载难逢的机会。

不久，日本又召开了由文部省和NHK共同主持的广播教育研究大会，那时，井深大的岳父前田多闻任日本育英会会长，因此，他也是这次大会的重要人物，借此机会，东京通信工业公司把H型录音机卖给了大会使用。通过电台的报道，也起到了良好的广告宣传作用。

在全国各处推销的过程中，盛田昭夫还发现，如果以公司的名义去演讲，有人会以为又是来推销的，可能会产生反感。

于是，他想出一个创意，组建了录音教学研究会，由仓桥正雄担任讲师，在全国大、中、小学举办演讲，从而扩大录音机的影响。为了打消听众的顾虑，不讲推销之类的内容，只注重录音教学的方式方法，赢得消费者的好感。事实证明，针对理智型顾客，这一招非常管用。

随着市场的拓展，使用者越来越多，盛田昭夫又发现应该加强售后服务，才能保住消费者对产品的信任。于是，开始在一些地区派驻维修人员，为用户提供良好的服务。既方便了顾客，又增加了信誉。东京通信工业公司的名气越来越大。

盛田昭夫还注意抓住各种机遇。比如第一台G型录音机呈献给了天皇，这是日本第一件新产品，也只有天皇才有资格享用。无疑，这件事也成了无形的广告。

公司的生产和销售都越来越好，井深大和盛田昭夫也受到公司员工的爱戴。他们扩大了生产规模，又搬进了御殿山附近的一个坚固的楼房里，工作条件改善了许多。

世界上的事情常常有着相同的规律，每当你最困难的时候，转机就来了，而当你取得节节胜利的时候，麻烦也会接踵而至。正当东京通信公司在技术和销售上都处于蒸蒸日上的时候，又迎来一场官司，这是一场没有硝烟的战斗，他们别无选择，必须面对，并且一定要打赢不可。

第四章　名扬四海

1. 法庭维权

录音机有了市场以后，消费者日益增多，市场规模越来越大，自然吸引了许多商家的目光。东京巴尔科姆贸易公司开始进口美国录音机在日本进行销售。这一举动，对东信公司构成强大的竞争威胁。同时，东信公司发现，这款美国制造的录音机，使用的技术也是交流偏压系统，可他们并没有向东信公司购买专利特许证。因此，在日本销售这种录音机就是侵权行为，这是绝对不允许的。

当初购买专利的时候，井深大和盛田昭夫也知道，1941年12月，永井博士也在美国申请过专利，并且把他的发明资料送到美国国会图书馆和其他地方。但是他选择的时间正是第二次世界大战期间，这项专利权没有在美国获得注册，那么他的研究成果在那里可以被当作公共知识自由地使用。

因此东京通信工业公司买下专利后，就向全世界的磁带录音机制造商发信，通知他们，自己已经拥有交流偏压系统的专利权，愿意提供它的特许证。如果在日本出售使用这种系统的磁带录音机，必须得到特许证。当时，很多公司写了回信，保证他们不在日本销售磁带录音机，因此不需要购买特许证。但如果在日本国外使用这个专利，东京通信工业公司没有任何办法加以制止。

针对巴尔科姆贸易公司从美国进口磁带录音机一事。东京通信公司发信通知他们，那种磁带录音机使用的录音系统，其专利权归本公司所有，请他们购买特许证。否则，不能在日本出售。可是他们置之不理。

经过慎重考虑，井深大和盛田昭夫做出一项重要决定，向法院起诉，要求该贸易公司禁止在日本销售磁带录音机。这种诉讼是需要很大勇气的，因为在日本的法院中，民事诉讼的原告也要付出大笔起诉费，诉讼金额越高，费用越大，并且是不能归还的。但这是涉及公司命运的问题，无法回避。

法院接受了诉讼请求，东京通信工业公司和执行官员一起去海关仓库，查封了巴尔科姆公司从美国进口的磁带录音机，并宣布，判决之前，禁止转移这批磁带录音机。此行为引起了媒体的关注，作为头号新闻大肆宣传，引起轰动。

一家小小的日本公司居然敢向美国的大企业挑战，这在日本是第一次。巴尔科姆公司大发雷霆，向美国的制造商报告了在日本发生的诉讼事件。

这家美国公司向占领军求助。就在1951年的这一天，美国占领军总部专利部门的一位军官打来电话，说要请井深大来一趟。放下电话，井深大着手做准备，甚至还做了最坏的打算，告知妻子做好思想准备，这件事可能很严重。公司上下都很担心，因为有些事情是无法防范的，在不知不觉中也许已经违反了占领军的法规。

井深大与岳父同行，前田兼做英语翻译，来到占领军总部。谈话在平和的气氛中开始了，那位军官开门见山，想要知道关于专利权的事。这是井深大预料之中的，他把随身携带的所有关于专利的文件呈上去，那个负责专利的军官开始仔细审查文件。

井深与前田忐忑不安地注视着他的表情，时间一分一秒地过去，只见他查阅完文件后，把身体靠在椅背上，抬起头，面带微笑，态度和善地说："专利权是合法的，手续很完善，无可挑剔。"井深大和前田都松了一口气，也露出了笑容。

那个军官还很热情，在会见结束前，还招待他们喝了咖啡。有了占领军总部的认可，井深和盛田心里更有底了。

这场官司历经三年，一开始，美国的磁带录音机生产厂家自称，他们已经从阿尔莫公司获得了专利权特许证。于是，阿尔莫公司派他们的律师唐纳德·辛普森来日本打官司。

面对如此强硬的美国律师，盛田昭夫以理力争，并且找到了证据，证明了永井博士的论文在美国早已公开，已经成为共享科技常识，而阿尔莫公司获取的专利权在其后，因此，他们的专利没有价值，并且声称去美国控告，取消阿尔莫公司的专利权。

最终在1954年3月取得了胜利。法院判决，凡是向日本出售使用交流偏压系统的磁带录音机，都要向专利持有者提供专利使用费，并且不再追究阿尔莫公司的专利权问题，同时获得出口美国时，无须付特许证费用。

诉讼的胜利来之不易，但在整个过程中，井深大和盛田昭夫学到了许多法律知识。同时，还有两个收获，一是与唐纳德·辛普森从对手到合作伙伴，聘请他成为东京通信工业公司的法律顾问。二是井深大和盛田昭夫把目光投向了海外市场，他们觉得也可以把磁带录音机卖到美国去。

2. 晶体管技术震惊了世界

经过商议，井深大决定去美国看看，希望能学到美国最先进的知识和技术，提升录音机的品质。如果想进入美国市场，自己的产品必须超过美国产品，才能有竞争力。

但是井深大很失望，任何一个磁带录音机制造商都禁止参观者进入工厂。而美国市场对录音机的需求与日本也不相同，美国的学校里，录音机并不是必需品，美国学生学习外语的热情也不高，录音机没有用武之地。

井深大不会说英语，在美国旅行时感到很沉闷。有一天，他在美国的小报上看到一个信息，使他兴奋起来，消息说，贝尔实验室发明了一种叫作"晶体管"的元件，而且，很快就可以买到使用这种新技术的许可证。

这是一项新发明，当时人们还不知道它有什么用，确切地说，这项电子技术到底能够生产什么新产品，没人知道。但是它在科学技术上的创新性突破是前所未有的。一想到这一点，井深大的内心就会产生一种冲动，他想利用这项新技术制造一个或更多的新产品。

自己的公司里有大批技术人才，正好能发挥他们的作用。如果采用晶体管研发出新产品，必定是划时代的东西，虽然他不能肯定自己的想法什么时候能变成实现，但敏锐的直觉告诉他，已经看到了引领世界新技术革命的曙光就在眼前。

实际上，这项技术井深大和盛田昭夫早就开始关注了。那是1948年，《贝尔实验室记录》发表过一篇文章，宣布贝尔实验室正在研究晶体管，这项新技术是由威廉·肖克雷领导的团队开发的。晶体管的性能和电子管完全一致，它可以控制电的流动。但与电子管相比，它的体积小，制造成本低。如果采用晶体管替代电子管，就可能制造出小个头的线路板。这种技术的运用，足以颠覆电子管的地位。

井深大越想越兴奋，他希望立即拿到这项新技术使用的特许证，如果能如愿以偿，就是这次美国之行的最大收获。他开始筹划下一步应该怎么办。

通过了解，井深大知道了这项专利权归属于西方电气公司。他决定立即拜访该公司负责人，买下专利。但遗憾的是西方电气公司的负责人没有时间接见他，井深只好求助一位朋友帮忙联系。这人叫山田志道，住在纽约，为一家日本的贸易公司做事。井深拜托他代为咨询，然后就匆匆回国了。

1953年，山田那边传来美国方面的消息，关于专利特许证的问题，西方电气公司请他们派人前来洽谈。东信公司委派盛田昭夫去纽约办理，同时盛田也想考察一下美国和欧洲的经济发展形势。看看是否可以找到突破口，进入国际市场。

一到美国，盛田昭夫就被眼前的景物震撼了，一个和日本完全不同的世界。一切都是那么庞大，并且地域辽阔，与日本的小巧恰恰相反，美国的技术先进，经济繁荣，应有尽有。盛田感到自信心受到严重打击。自己的公司这么小，又是新兴的，与美国这种大公司打交道，会不会受到歧视，盛田昭夫有些担心。

盛田最先拜见了井深的无线电好友谷川让，他是日本一家公司驻纽约分店的职员，来美国工作多年，很有见识。盛田昭夫将自己来美国的目的和想法和盘托出，想听听他的意见，谷川让告诉盛田，不用担心，美国人不这么看，只要他们感兴趣，无论公司的背景如何，有合作价值就行。在他看来，盛田昭夫的担心是没有必要的。

果然，美国人很坦率，讲话不绕弯子，对技术上的问题也很懂行。会谈很快进入实质性阶段，西方电气公司的谈判代表拿出了正式合同，郑重交给盛田昭夫，没有想到谈判进行得如此顺利，盛田昭夫悬着的心终于放了下来，他的自信心也随之增加不少。

盛田非常高兴，但他仍然表现得很冷静。他知道，如果日本通产省不批准，就无法把购买专利的25000美元汇出来。原来，日本战后恢复时期，国家采取了外汇管制政策，流往国外的货币都要经过严格审查，必须有充分的理由，而这个理由被通产省认可才算数。盛田昭夫知道那一关不好过，因此签约的时候很谨慎，在合同上加了一条，待通产省批准之后，立即生效。

合同签好后，立即寄回日本，希望井深大抓紧申请，早日获得通产省的支持，拿到批文。

第二天，盛田昭夫参观了晶体管生产车间，这是他第一次见到晶体管，对于日本人来说，也是第一次。西方电气公司还向盛田昭夫赠送了礼品，就是刚刚生产出来的晶体管及一些零部件，还有关于《晶体管技术》的书籍。

日本这边，井深大接到合同之后，赶紧向通产省申请外汇配额，但是迟迟不见回音。再去询问，才被告知，通产省没有看出这项发明有什么用途，他们也不相信东京通信工业公司的技术力量。通产省官员武断地认为，这是世界最新技术，几乎没人使用过。这么小的一个公司，怎么可能具有强大的技术实力消化它呢。

井深大只得一次又一次地向那些官员说明情况，这种鲜为人知的发明具有巨大的潜力，它一定会给日本带来很多利益等等，可是，无论怎么阐明观点，还是不能打动那些官僚们。

这期间，盛田昭夫又转到欧洲，参观了许多公司和工厂，比如大众、奔驰、西门子等等，还参观了一些小公司。每到一地，都有不同的感受，特别是在德国，到处都在重建，战后恢复速度非常快，市场上有许多新产品，这让盛田昭夫非常吃惊，相比之下，日本的发展还是太慢了。

德国的机械化成就也很高，大众汽车公司每天可以生产出七百辆小轿车。技术上的优势，代表了一个国家的实力。有一次，在德国一个餐馆里，盛田要了一份冰激凌，服务员端上来时，指着上面插着的一把纸做的小伞对他说这是你们国家的产品。虽然，服务员的微笑里透着一种恭维，但可以看出，很多人给日本的定位是只能生产这种没有技术含量产品的国家。

盛田昭夫坐在餐桌前，心情很复杂，他想了许多，感慨万千。他意识到冲出国门、走向世界的路还很漫长，还会遇到许多困难。但不管多么艰难，他都会坚定地走下去，因为有一种责任感和使命感在鼓舞着他。

离开德国进入荷兰，盛田昭夫发现这两个国家有很大区别。荷兰是一个纯粹的农业国，国土面积很小，到处都可以看到古老的风车，时光好像倒流了，就像置身于浪漫情调的画卷中。很多人还在骑自行车，古香古色的田园风光，到处充满着宁静和典雅的韵味。

在荷兰，最想参观的就是飞利浦公司，飞利浦的电气产品在欧洲和全世界都很有名，想象中伟大的飞利浦公司应该建在大城市，但盛田昭夫没有想到，飞利浦竟建在一个边远的小镇里。当他站在菲利浦的塑像前，凝视他的时候，突然想到了故乡的小铃谷村，还有那里高祖父的铜像。盛田昭夫的内心受到极大的震动。

参观完工厂后，盛田昭夫很受鼓舞，一个农业国的边远小镇，竟然能够建立巨大的、高科技的世界著名企业。他们能办到，日本人也可以做到。这种感受也流露在写给井深的信中："菲利浦能够做到，我们也可以做到。"

那时，盛田昭夫代表一个小公司，作为旅游者去参观工厂，没有见到任何一个公司负责人。但从那时起就播下了一粒缘分的种子。后来，索尼和飞利浦公司多次合作，联合开发了多项领先技术，共同进行产品标准的设计，比如，标准盒式录音带，家庭音响和数字激光唱盘等等。

1954年2月，盛田昭夫从欧洲回到日本，与井深大多次讨论晶体管的发展前景。卖给他们专利的西方电器公司曾经建议说，可以考虑助听器的生产。但井深大和盛田昭夫一致认为，助听器的市场太窄，应该利用晶体管生产大众化的产品，这样才会有前途。

为了实现这个梦想，他们组建了一个研究小组，由岩间和夫负责，开始了他们的梦想之旅。准备工作已经铺开，盛田昭夫带回来的资料《晶体管技术》成了他们钻研的教科书。

通商产业省的外汇配额还是没有批下来，大家都很着急。盛田昭夫去通产省一再说明情况，希望获得批准。通产省的官员不但不批，反而有些不高兴，认为他们没有得到批准就签订合同，这是违反规定的，责备他们为什么不事先向通产省申报。

通产省的百般刁难，还有一个原因，就是上次巴尔科姆侵权案的处理过程中，由于通产省负有一定责任，法院判决后，弄得他们非常被动。为此，通产省对东京通信工业公司耿耿于怀，无论他们怎么努力，这些官员就是不批。

正当盛田昭夫一筹莫展之时，通产省内部发生了贪污事件，全体被免职。新上任的官员与东信公司没有过结，事情就好办多了。盛田昭夫又动用社会关系进行疏通，终于有了起色，购买专利的外汇申请很快就批了。

　　1954年5月，井深大与岩间和夫去美国交换了正式合同，并把岩间留在晶体管生产工厂培训。专利特许证的合同内容，仅仅是获得晶体管技术的使用权，并不包括技术情报。因此派岩间在晶体管工厂逗留三个月，学习和研究生产技术。岩间非常努力，白天工作一天，晚上回到住处，凭记忆把白天的所见所闻整理成资料，绘成草图再发回东京。

　　井深大和盛田昭夫组织人马，按照岩间获得的资料，设计安装了生产设备。但有一个关键的部件在日本找不到，这些安在刀具上的金刚石磨石技术要求很高，盛田昭夫只得跑到美国去购买。经过一番奋战，机械设备终于安装好了。但是，离晶体管的生产还有一段距离。

　　他们列出各种电子产品，一一进行筛选。有人提议把晶体管用于生产助听器，因为它是低频率电子管，正适合在助听器上应用，贝尔实验室也做过一些相关的研究。但井深大坚决不同意，他有他的道理，使用助听器的人毕竟是少数。应该生产收音机，这是人人都能用的东西。

　　可有人提出了一个关键问题，这种低频晶体管不能代替收音机上的电子管，必须提高晶体管的频率才行，大家知道这种改变在世界上还没人办得到。

　　当时，电子管收音机市场很火，为了更好的音响效果，扬声器做得越来越大，声音也越来越响。在时尚的潮流里，有一种“高保真”新概念，在消费者心中很有市场。自然界的各种声音，在发烧友那里都受到青睐。

　　当时的放大器采用多个真空管并列的方式，但这样的做法，导致机器的体积越来越大。同时，真空管耐热、耐久方面的缺点就突显出来，如果能用晶体管代替电子管，就弥补了这些缺点。试想，取代笨重、耗能、不耐热、不耐久的真空管，那将是一个全新的概念，正好迎合了日本人喜欢小巧精制的习惯，一定会受到市场欢迎。

现在井深大的分析已经有了很强的市场营销观念。最后大家被他说服，取得了共识，觉得用晶体管代替电子管制造收音机最适合，既减小了收音机的体积，又可以降低成本，还节能，携带方便。这些美好的设计思想，已经让这些工程师们激动不已了。

当然，大家也深知，做到这一点非常不容易，可以说是挑战极限的创举。他们谁也不知道如何制作高频率晶体管的方法是什么，就连欧美的晶体管研究专家都认为，那是未来的研究方向，目前还不可能实现。

但是井深大和盛田昭夫不愧为伟大的管理者，他们勇敢地做出决策，挑战极限，一定制造出别人没有的产品，下一个目标就是晶体管收音机，不达目的绝不罢休。

研发的第一项目标自然是提高晶体管的频率。虽然有了前进的方向，但达到这个目标却经历了漫长而复杂的工作过程。一开始，延用贝尔实验室发明的方法，但怎么试验也无法提高晶体管的频率。

贝尔公司采用的是一块两面熔有铟的锗板。锗是负极，铟是正极。由于阴电子比阳电子的运动快，可以通过改变极性来提高一定的频率。这就是说，应该生产一种负——正——负的结构来代替正——负——正的结构。

于是不断寻找替换材料，经过许多试验，他们发现，铟作为制造正极的材料熔点太低，这条路走不通。后来不得不抛弃这些材料，重新寻找突破口。有人想到改用镓和锑来代替，通过实验，发现这两者也达不到高频率的要求。一时间研究工作陷入困境，找不到任何解决的办法。

井深大和盛田昭夫多次组织召开研发智囊会议，讨论研究进展。工程师冢本哲男提出一个想法，他说应该采用磷来代替锑。想法刚刚提出，就有人发言否定，因为贝尔实验室早已尝试过，他们没有成功。大家并不看好这个建议。

冢本哲男坚信自己的想法，不亲自试一下怎么能说不行呢。他独自悄悄地做试验，使用磷来制作正极，还尝试把不同比例的锑和磷混合起来制作，经过不断摸索，获取了大量实验数据，他把这个方法叫作"掺磷法"。

他兴奋地发现，这一做法有了明显的效果，频率在大幅提高。在一次会议上，冢本哲男向大家报告了他的新发现，但用词极其谨慎，他担心会像上次那样，刚刚提出建议就遭到反对。但晶体管开发组的负责人岩间和夫首先发言，他鼓励他说："既然你觉得情况正在好转，就要坚持下去，看看到底会出现什么样的结果。"

就这样，经过反复试验，掺磷的方法终于成功了，高频晶体管由此诞生。这一步相当不容易，是前人没有达到的高度，完全改变了低频晶体管的功能。

兴奋之余，他们开始生产晶体管了。但是，当引线与基极层进行连接时，却影响了晶体管的质量，没有达到预期的设计要求，成品率非常低。这又是一个难题，问题到底出在哪？公司非常重视。调来江崎玲於奈参与这项工作，并指派测量技师黑濑百合子和一个东京理工大学的实习生铃木隆给他当助手。

江崎接过这个项目后，经过深入研究，他发现，由于放入大量的磷，影响了阴极和阳极的结合强度，当连接导线时就会遭到破坏，因而出现了故障。于是他们又调整了磷的浓度，试图优选出磷的最佳比例来提高晶体管的质量。

在一次实验中，助手铃木隆观察到一个异常现象，惊奇地向江崎做了汇报，他不能肯定自己的实验是不是出了错。一般来说，在给二极管施加电压时，正向电流容易流动，反向电流基本不通，这是二极管的基本性质。但是铃木隆发现，与此相反，反向的电流更大，而且正向电流还出现一个峰值。

江崎对这一现象也感到奇怪，经过重复实验，果然如此。他又认真检查了测量电路，都是正确的，说明实验本身没有错。后来，江崎对这个异常现象做了进一步研究，他发现磷的浓度与这个峰值有关。江崎根据物理学的波动性理论，深入探讨和研究了正向电流出现的异常峰值曲线，解释为"正向隧道效应"。

即使能量积聚，粒子也能够像穿越隧道那样穿过去，人们称之为隧道效应。但是，此前人们只注意反向隧道现象，现在江崎却发现了正向隧道效应，这的确是一个新的研究进展。

随着正向隧道效应的研究深入，江崎等人研制出新型二极管，它与原来的二极管明显不同，在加大电压时电流不增，反而减少，具有明显的负电阻特性。这种二极管的发明，江崎起了主要作用，因此后来被人们命名为"江崎二极管"，也称"隧道二极管"。

"江崎二极管"具有负电阻，并且隧道效应非常迅速，是一个具有高频振荡和放大功能的电路元件。日后的用途极其广泛，比如电子计算机及其他电器等方面。

此项发明是索尼人集体智慧的结晶，江崎立下了汗马功劳。1958年6月，江崎玲於奈带着他们的《电子学中的固体物理学》的论文，出席了在布鲁塞尔召开的国际物理学会议。晶体管发明人之一肖克莱也出席了这次大会，并且在会上作了重要发言，他反复谈到江崎的发明，赞扬这一成果非常有发展前途，高频晶体管的价值不可限量。

"江崎二极管"首次在国外得到承认，这项世界性发明出于一个新兴的小公司，况且又不是晶体管专门的研究机构，震惊了电子领域，使人们开始对索尼公司刮目相看。

江崎玲於奈也因发现了半导体中的隧道效应，于1973年荣获诺贝尔奖，当然这已经是17年后的事了，那时的江崎已加入了IBM。宣布得奖人的时候盛田昭夫正在巴黎出席IBM世界贸易董事会会议。会上一位助理将这个消息带给IBM的董事长福兰克·卡雷，卡雷骄傲地告诉董事们，这是IBM的科学家第一次赢得诺贝尔奖。他神态自若地笑了，周围一片掌声。

IBM主管科研的爱玛勒尔·皮奥里博士走到他身边对他解释了江崎的历史背景。卡雷向盛田昭夫表示致意，盛田昭夫只说了一句话："我们非常高兴。"但他的心里特别激动，他知道，江崎的获奖不仅是日本的光荣，也是索尼的光荣。作为企业的研究成果能够获得诺贝尔奖，这在日本、恐怕在全世界也是不多见的。

回首晶体管的研发过程，每一步都历经艰难。研究人员能够全力以赴挑战世界高峰，这背后，井深大和盛田昭夫起到了决定性的作用。他们首先以独到而敏锐的头脑做出正确的决策，并且承担巨大的风险。单就购买专利技术特许证的费用不说，巨额的研发经费，加上公司的其他费用，对东信公司来说，几乎是一个天文数字。

他们坚信这项发明的重要价值，坚定去做，并且不惜任何代价。作为一个新兴小企业，这是非常不容易的，因为押上所有家当也无法保证资金的来源，他们只能借钱。一开始，他们以生产录音机为由向银行贷款，后来，当贷款额超过1亿日元之后，银行不肯再借钱给他们。如果搞不到资金，一切都会前功尽弃。

这时，正是晶体管研发的关键时期，盛田昭夫非常焦虑，但他一人承担巨大的压力，在公司里，特别是井深大和其他技术研究人员面前，他从不流露自己的情绪，努力营造一个良好的科研氛围。他动用了各种社会关系，找了许多家银行，费了九牛二虎之力，反复说明晶体管收音机研制的意义和市场前景，终于有一家银行同意贷款给他们。

正是这种伟大的精神和企业文化，吸引各种各样的人才，使大家对未来充满希望，愉快地工作。井深大和盛田昭夫总是和研发人员同甘共苦，知人善用，与这些社会的脊梁和精英一起，创造辉煌，写出了一部如此完美的索尼神话。

当晶体管成品率达到5%的时候，井深大提出投入生产的主张，但很多研究人员都反对，成品率实在太低，但最后还是被他说服了，边生产边进行技术改造，随着技术上的不断改进，成品率也慢慢上来了。

就在东信公司踌躇满志，开始生产晶体管收音机的时候，也就是1954年12月，传来一个让人沮丧的消息，美国电机制造厂的一家公司生产出了世界第一台晶体管收音机。本想争当世界第一的东信公司，在心理上受到严重打击，他们遇到了新的挑战。

但是，事情并没有想象得那么糟，美国那家公司在强大的市场压力面前退缩了，因为那时正是电子管收音机的鼎盛时期，与其抢夺市场份额实在不是一件容易的事。况且，那家公司采用的晶体管是购买来的，不是自己研发的，晶体管的性能极差，组装的收音机质量不过关。

他们的新产品在市场上没有站住脚，刚刚问世就夭折了，这样就给了井深大和盛田昭夫一个历史机遇。他们组织生产的同时，也研究了那个美国的新产品，可以确认，东信的晶体管收音机无论质量还是功能都远远超过它。

生产过程中，细节问题还有许多，比如其他小型零件也需要落实，井深大和盛田昭夫设法在东京找到一家小公司，与他们合作生产。同时继续生产和销售磁带录音机等其他业务。两人几乎没有时间休息，日程表排得满满的，但他们感到无比快乐。

1955年1月，晶体管TR－52型收音机终于问世了，这是日本第一台半导体收音机，它的外形很像联合国大厦，于是被大家称为"联合国大楼收音机。"整个公司欢欣鼓舞，辛勤的汗水终于浇灌出美丽的花朵。这年5月，东信公司的晶体管收音机参加了国际商品展销会。

但在质量和功能上，还有许多不尽如人意的地方。随后，他们进行了技术改造，提升了晶体管的性能和质量，外观也重新设计了。1955年8月，TR－55型上市，价格为18900日元。但是销路仍然不好，那时的普通消费者还不知道电子管和晶体管到底有什么区别，再说公司的名气也很小。为了打开市场，盛田昭夫提出了在心中酝酿已久的想法，组建了工商公司，为扩大晶体管收音机的市场，在东京、大阪等城市都设立分公司。

随着社会的发展、人们需求的变化，晶体管收音机的优势也逐渐显示出来。有一次，一个渔民模样的人前来购买索尼的收音机，他几乎是毫不犹豫，但掏出的钱都是零钱，这引起了经理的注意，上前和他攀谈起来。他真是一个渔民，之所以购买收音机是因为出海捕鱼时，天气预报是必须听的，对渔民来说收音机不是简单的娱乐品，而是和生命一样重要的东西，离不开它。

但原来市场上的电子管收音机怕盐、不耐用，还特别费电，渔民认准了晶体管收音机好。盛田昭夫听到这个消息，特别高兴，这等于说，晶体管收音机成了电子管收音机的克星。

当盛田昭夫把这些市场反馈信息带回公司时，全体员工受到极大鼓舞，特别是研发小组成员更是振奋，他们正为销路不好而深感不安，这回可以扬眉吐气了，这个信息对他们来说非常重要。研发小组的工程师们一鼓作气，又开发出多款品种，TR－2K型收音机、耳机式超级收音机、TR—33型收音机。之后，又陆续诞生了多种型号。

其中有一款收音机TR—63型，它的高、宽、厚为11.2cm、7.1cm、3.2cm，是当时世界上最小的收音机，称为"袖珍收音机"。定价虽然很高，13800日元，但受到消费者认可，好评不断。问世之后不久，就受到市场热捧。

尔后，TR－72型晶体管收音机更火了，一上市就成为抢手货，供不应求。这种热销现象是公司成立以来的第一次。公司上下喜气洋洋，热情高涨，井深大和盛田昭夫也意识到公司进入了新的历史发展阶段，他们赶紧增设了组装工厂，这才保证了货源的供应。

3. 索尼的名牌理念

在东京通信工业公司创业10周年的日子里，他们又推出了超薄型TR—6型晶体管收音机，并且还上了美国的《大众科学》杂志的封面。公司的名气越来越大。

一个成功的管理者不仅在艰难的时候能带领大家走出困境，还要在顺境的时候保持冷静的头脑，把目光投向更加深远和伟大的目标，使企业具有后劲，不断发展。东信公司的管理者就具有这种远见卓识。

早在1953年盛田昭夫第一次出国旅行时，就发现一个问题：很多著名公司，他们的公司和品牌是一个名称，为了扩大影响，这不失为一个好办法。可"东京通信工业公司"这个名字太长，作为公司名还可以，如果作为品牌名就不合适，如果译成英文就更别扭了，很难被别人记住，即使在日本，也喜欢简称为"东信公司"。

这期间，很多公司都采用了标识设计，盛田昭夫也在公司标识上下了一番功夫，在一个圆圈中放一个倒置的金字塔，金字塔的两侧各插入一个条图形，构成一个独特的"T"。但这个标识不足以表达公司产品高品质的形象。

在晶体管收音机问世的时候，盛田昭夫就提出更换名字的问题。必须有个响亮名字，而且与众不同；最好一举两得，既是公司名，又要是商标名；既醒目，又便于人们记忆。同时，还可以节省广告费，只宣传一个名字就行了，不必又是品牌名，又是公司名。

可是，到底取个什么样的名字才好呢，这个问题迫切摆在面前。晶体管收音机是自主研发的新产品，采用一个新品牌推向市场，更具有重要意义，将来还可以用于其他商品上。

盛田昭夫和井深大几乎每天都讨论这个问题，他们仔细研究了那些著名的品牌，有的是字母缩写，有的是图案，有的是名称和标识一起使用。经过一番讨论，最后确定几条原则，一不能太长，最多四到五个字母；二要朗朗上口，使用世界各地的语言都能读出来。

根据这个方向，他们开始寻找英文单词，条件虽然不算苛刻，但真正找到一个合适的还真不容易。井深和盛田翻阅了不少字典，方案试了一个又一个，还是没有碰到满意的。直到有那一天，他们偶然翻到一个拉丁文单词，"sonus"，意思是声音。不禁眼前一亮，用它来做收音机的品牌，再贴切不过了。

公司从收音机到录音机，这些产品都与声音有关，而且，在不断追求完美音色的过程，也预示着不断提高产品质量。这个词打动了井深大和盛田昭夫。于是，他们就把注意力集中在"sonus"上。

当时，在日本，有许多派生词汇，很时髦。类似的单词有"sonny-boys"，是开朗聪明男孩的意思，给人阳光般的感觉。但是再一研究，又发现"sonny"这个词的谐音与输钱一致，它的读音容易引起误解，这个词即使再好也不能用。可是放弃它又太可惜。

直到有一天，盛田昭夫突然产生灵感，把这个词稍微变化一下，去掉一个"n"变成"Sony"，问题不就解决了吗。这个SONY使用任何语言，都极易读出，又非常好记。

经过一番精心的筛选和改造，他们决定用"Sony"作为商标，此后所有的产品都用这个名字。

"索尼"就这样诞生了，从此，一个让人难以忘怀的名称走进千家万户，也走出日本，进入了国际市场，成了先进技术的代表，高品质的代表，良好信誉的代表。

这个名字的确是独特的，虽然没有实际意思，只是一个发音，但好读好记，又蕴藏着索尼产品创新的寓意和内涵。并且还有一个好处，它是用罗马字母书写的，很多民族的语言都会觉得它是自己的语言，都能轻易读出。

一开始使用这个名字时，为了美观，采用斜体大写字母，外面加了一个方框。后来发现，越简单越容易被人记住，于是改成正体的大写字母，并去掉了外面的方框。事实证明，这些理念都是对的，当今的世界各地不知道索尼的人确实很少。

当然这不仅仅是名称问题，更重要的是深厚内涵，索尼人以技术创新、质量和信誉的保证，逐步形成了SONY高质量，高档次的风格，完成了它的市场定位。

有了好的名称和质量，宣传也要跟上去。1957年6月，在东京机场人口处树立了第一块广告牌，"SONY"四个字非常醒目。同年年底，在东京中心的银座地段又树了一块。1958年1月，公司正式更名为索尼公司，并于12月列在了东京股票交易所的名单上。

索尼的名字越来越响，为了更好地保护这个品牌，索尼公司在170个国家和地区进行了注册。

索尼在电子产品创新领域一路领先，声名远扬。但就在这时，发生了一件让索尼人恼怒的事，他们发现，在日本国内有家公司正在销售"SONY"牌巧克力。那家公司以前的产品原本不是这个品牌，但当他们发现SONY名声越来越大的时候，就改了名字。不仅巧克力，还有其他一些小食品，都注册了"SONY"这个牌子，甚至把公司也改成"索尼食品公司"，所用的字母完全一样。

更加不可理喻的是，那家公司做广告所采用的卡通小人也在模仿索尼公司，几乎就像双胞胎一样，以假乱真。原来，索尼公司的广告中，经常出现一个可爱的阳光男孩，那是知名漫画家创造的，他的形象已经深入人心。

品牌代表着责任和信誉，是对产品质量的保证。如果利用别人建立起来的信誉达到自己赢利的目的，这种盗用别人声望的行为是可耻的，也是违法的，索尼决定维权。他们把这个盗用品牌的食品公司告上法庭，并且聘请了许多知名人士当庭作证。

有一个证人说，他看到SONY牌的巧克力后，以为索尼公司现在遇到了财政上的困难，靠卖巧克力来维持公司的生存，而不再搞电子高科技产品。还有一位证人说，她对索尼公司有深刻印象和定位，它是一个真正的科学技术型的公司，所以它的巧克力肯定是一种合成物。我们担心，如果让这种巧克力继续销售，将会把人们对索尼公司的信任完全毁掉。

与此同时，食品公司的律师也很卖力，试图找到依据，证明"SONY"这个名称属于公用范畴可以使用的名词，从而赢得诉讼的胜利。但是无论他怎么努力，也无法做到这一点，查了所有的资料和字典，都没有这个词。井深大和盛田昭夫心里有底，为索尼起名的时候，他们已经这么做了，这个是词是独创的，在世界上独一无二。

官司打了很长时间，经过四年才取胜，索尼维权成功。这件事，在日本的历史上，也是一个先例，法院第一次使用不正当竞争法来为这种案件伸张正义。

SONY这个品牌，随着它的质量、信誉和创新的产品，已经誉满全球，深入人心，直到今天，在世界著名品牌排行中，仍然榜上有名。

索尼的晶体管收音机、随身听、CD机都曾经引领时尚新潮流，几度让世人惊叹不已。在横扫全球市场的时候，始终坚持自己的品牌战略，坚定不移地实行高品质、高档次的市场定位，体现出索尼的战略战术思想。

世人总是喜欢变化。在索尼公司成立35周年时，有人提议应该修改一下品牌名称，世界潮流在不断变化，索尼的风格和企业文化以创新为主要内涵，为此，也应该改变一下品牌名称，塑造一个全新的形象。

对此，索尼公司主办了一个国际大赛，为索尼征集一个新的品牌名称。大赛委员会收到几百个方案和建议，但是也收到许多意见，主张使用原来的品牌，特别是经销商，他们不希望有任何改变。最后综合了所有意见，索尼决定不做任何修改。品牌是无形资产，其价值无可估量。

4. 走出国门

在晶体管收音机开发成功的时候，盛田昭夫就认定美国是最有潜力的市场。因为美国社会发达，生活水平高，消费能力强，美国人喜欢标新立异，对新鲜事物特别感兴趣。

盛田昭夫抱着很大的希望，来到纽约进行推销，他拜访了许多零售商，但出乎意料，几乎无人对他的产品感兴趣，都说美国的房子很大，没人嫌电子管收音机体积大，他们主观地认为没人会喜欢小的收音机。

经过盛田昭夫耐心地说明晶体管收音机的种种优点，比如，节能耐用、携带方便等等，如果喜欢自己欣赏节目，就可以一个房间一个，不会干扰别人。在美国这个尊重私生活的国家里，他的说法被接受了，觉得他的话有道理，于是，有的零售商开始订货，看看消费者的反应如何。

结果市场反应非常好，正像盛田昭夫预测的那样，美国人喜欢这个小巧的收音机。

来美国做生意，语言不通自然是件麻烦事，盛田总是认为自己的英文只有初中水平，不敢开口讲话，而学会英语又不是一朝一夕的事，每次谈生意，盛田昭夫就请自己的一位朋友当翻译。

后来，盛田昭夫去欧洲办理业务，在那里逗留了一个月。这期间，他遇到很多外国旅行者，发现大家有着同样的问题，都不会讲当地语言，甚至他们的英语水平比自己还差。因此，盛田昭夫壮起胆子讲了一点英语，再加上一点德语和法语，结果他发现居然也能与人交流，可以弄懂对方的意思。那一刻，让盛田昭夫异常兴奋。

一路上，他不停地与人用英语谈话。从欧洲回到纽约以后，盛田昭夫就与周围的人使用英语对话了，这让大家十分吃惊，那位经常来当翻译的日本朋友更是惊讶，只用了一个月，盛田就能说英语，简直不可思议。盛田昭夫对他解释说，"实际上只是一个获得自信的问题，欧洲之行给了我这种自信。"

学会使用英语之后，盛田昭夫在美国更加自如了，也认识了许多经销商。有人向他推荐一种促销方式，这种方式非常诱人，简单说就是贴牌商品，或者说给人家做代工，贴上知名的商标去销售自己的产品。

不久，在推销过程中，盛田就遇到一家美国公司，叫宝路华，它很有名气。宝路华打算向盛田订购10万台收音机，但有个条件，必须打上宝路华的牌子。他们认为这样做双方都受益，宝路华在美国的知名度很高，有利于打开销路。并且，一再提醒盛田，希望他不要错过这个机会。

10万台，实在不是一个小数目，利润也相当可观。但盛田昭夫知道索尼目前没有这么大的生产能力，如果签下这个订单，必须扩大生产规模。他把这个信息向东京总社发了电报，请他们商量一下，要不要接受这个订单。

在等待回电的时候，盛田反复思考这件事，把自己心爱的新产品贴上人家的商标，总有一种被刺伤的感觉。这笔生意虽然诱人，但到底是机遇还是陷阱，还不好说。当初创建公司的时候，井深大和盛田昭夫就下决心，创造高新技术产品，打造自己的品牌，可是，现在为了眼前的利益，就要放弃这个理念吗？总是为别人做代工，那要等到什么时候才能闯出自己的路。

接到电报后，盛田昭夫急忙打开，希望看到与自己相同的想法。电报上只有四个字，"接受订单"。盛田昭夫不愿意接受这个指示，他感到事关重大，又给总部打了电话，表明自己的观点，他不想接受订单。既然已经创下索尼这个牌子，就应该坚定不移地走下去，他对未来充满信心。

可是董事会不同意盛田的看法，井深大也打了几次电话，希望盛田昭夫接受订单，并且告诉他，家里已经着手准备扩大生产了。

经过认真思考，盛田昭夫果断地做出决定，不接受这笔订单。并且强硬地告诉井深大，如果不支持他，他就辞职不干了。

决定之后，盛田昭夫跑到宝路华公司，告诉他们："这笔生意不谈了。"宝路华的经销商非常吃惊，他怎么也想不到，这个不知名的小厂商，竟然放着钱不赚，实在搞不懂为什么。他极力想说服盛田昭夫："我们公司有50年的历史，在美国已经家喻户晓，而你们公司的名字没人知道，为什么不借用这个优势来销售你们的产品呢？"

盛田自信地说："50年前，你们的名字和我们今天一样，没人知道。但我带来的新产品不是普通的商品，它可以使我们公司起步，走向今后的50年。我向你保证，再过50年，我们公司会和你们一样著名。"宝路华的经理瞪大了眼睛，望着这个狂妄的年轻人，不断地摇着头。

他没有想到，日后的事实和盛田昭夫的豪言壮语一样，不但名扬美国，还声震世界。盛田昭夫独到的眼光和远大的志向在那时就显露出来。

这时，井深大又打来电话，也试图说服他接受订单，但盛田告诉他已经来不及了。对于盛田擅自不执行董事会决议的行为，井深大并没有责备他，而是非常理解。从这件事，足以看出索尼上下和谐的氛围。

当然，盛田昭夫也感到压力很大，这么大的买卖不做，下一步如何来弥补这个损失。然而，人世间的事情很有意思，常常因祸得福，否极泰来。盛田拒绝贴牌销售的事，虽然错过了一个赚钱的机会，但也算是一个新鲜事，过后被人传了出去，于是，引起另一个零售商的注意。

这也是一个实力雄厚的企业，拥有150个连锁店。他们对盛田昭夫的新产品很感兴趣，希望成为索尼的代理商，经销他们的新产品。第一次见面，就要求盛田昭夫提供一份5千台、1万台、3万台、5万台到10万台的报价单。

这么快就有了起色，又是一个大订单，并且，他们没有贴牌的要求，盛田昭夫自然非常高兴。但是，他十分冷静，认真思考了公司状况，对扩大生产规模的计划做了权衡和分析。索尼公司还很小，生产能力有限，一下子生产10万台，不是简单的事，涉及的问题太多。首先，必然大量购置机器设备，雇用人员，还需要采购原材料，培训工人等等。

即使能够生产出来10万台，完成了现在的合同，假如销路不好，今后的订单量就会下降，机器和设备自然就闲置起来，招收的工人又不能解雇。结果会陷入过度投资的困境，恐怕公司会破产。这可不是一个订单问题，关系到公司的前途和命运，不能不慎重。

他又估算了一下投资的利润率。如果生产5万台，减掉扩大生产的投资，5万台的成本必然高出5000台的成本，而10万台则更高，要保证收支平衡，必须提高价格，否则赚不到钱。

理性分析了利弊之后，盛田昭夫已经胸有成竹了。第二天，他带着拟好的订单去拜访客户。当销售商看到订单上的报价，几乎不相信自己的眼睛，他非常奇怪，订购数量越大，价格越高。他询问盛田昭夫是不是写错了。

盛田耐心做了解释，道出了这个违反定价规律的原因。客户听明白之后，被盛田的谨慎和认真所折服，觉得这个公司很靠谱，如此认真负责的人值得信赖。商定的结果，这家公司先订1万台。签好订单，双方都感到满意，盛田昭夫也非常欣慰。

此后，索尼的晶体管收音机在美国市场特别受欢迎，火爆程度是空前的，几乎在一夜之间就成为热门商品，风靡美国，一度出现了脱销的情况。

事后，盛田昭夫谦虚地说，处理这两份订单是自己的运气好。但实际上，运气的背后，是一个大企业家超人的经营策略和胆识，在关键时刻做了正确的决断。同时，也体现出索尼公司的用人之道，宽容而明智，充分发挥个人的才干，而不是简单地执行上级的命令。

正像盛田昭夫说得那样："不要太在意上头怎么说，要考虑公司的利益，知道自己应该怎么做。"井深大在回忆宝路华事件时也说道："10万部订单，那笔生意很大啊，可是当东京正在考虑该怎么做的时候，盛田君说已经回绝了。那时，大家不知道这样做是否合适，那件事是他自作主张决定的，后来证明，他做了一件了不起的事情。总之，对待海外的策略，盛田君具有非常清晰的思路。"

这是一种自信自强的精神，也正是这种精神，造就了日渐辉煌的索尼。如果当时只为了把产品卖出去，没有注重打造自己的品牌，不考虑将来，就不可能有今天世界闻名的索尼了。

盛田昭夫与美国人做生意的过程中，结识了很多朋友，如葛罗斯、香川吉信、罗西尼等，他们都给予盛田极大的帮助。特别是葛罗斯，他是盛田的忘年交。总是不厌其烦地向盛田解释美国市场的特点，传达各种信息，还介绍美国的风土人情，帮助盛田昭夫融入美国社会。

还有罗西尼，他曾经担任过葛罗斯的律师，不仅帮助盛田处理生意上的事，还待他像亲兄弟一样，一起吃饭、打高尔夫球，也教盛田处理许多细节问题，比如怎样正确使用美式合约等等。

香川吉信给予盛田的帮助也是别人无法做到的，他是日裔美国人，对日本、美国都非常熟悉，他告诉盛田为了企业形象和声誉，不仅商品质量要好，形式和排场也要注意。他建议盛田昭夫，宁可在最贵的旅店住最便宜的房间，也不要在便宜旅馆住最贵的房间。还要在最好的餐厅吃饭，学习欣赏不同的口味和服务方式。这些细节在美国的社会活动中，都是非常重要的。

盛田还发现，日本的经销方式与美国传统的方法类似，利用几个大的贸易公司，由一级经销商再到二级、三级经销商，每一级都要加价，这样，到消费者那里，价格就更高了。而美国已经出现了新的经销方法，他们创立自己的行销网络，给消费者提供更大的便捷和实惠，缩短了生产厂家和消费者的距离。盛田昭夫认为，索尼作为一家新兴产业的科技公司，正适合这种新的模式，先进而畅通的分销管道，利于产品迅速进入市场。

但索尼要想在美国建立一条理想的销售渠道，还有许多困难，需要不断磨合和适应。

有一次，就与德蒙尼哥公司发生了纠纷。原来，在葛罗斯的介绍下，索尼与这家公司签了约，委托德蒙尼哥作为美国的收音机总经销。刚开始，双方的合作还不错，但随着SONY知名度和销售额的迅速增长，却出现了不可调和的矛盾，在经销理念上发生了严重分歧。索尼坚持高品质，高价位战略，而德蒙尼哥公司却喜欢采取低价位、大折扣的方式，主张薄利多销。双方的矛盾无法调和，合作关系出现裂痕。

那是1959年底，索尼的半导体电视机又问世了，索尼特别看重这一新产品的上市，因为它是世界第一台半导体电视机，意义特别重大。盛田昭夫打算在美国隆重推出这一新产品，但德蒙尼哥公司的表现非常轻率，在没有接到索尼的正式照会之前，就擅自宣布他们是总经销。

这种行为打乱了索尼的促销计划，盛田昭夫认为，极大地伤害了索尼的权益，他打算终止双方的合作关系，尽管德蒙尼哥坚决不同意，但盛田昭夫的去意已决。

经过一番艰苦的谈判，盛田宁愿支付一大笔违约赔偿金，也不想再合作了。于是与德蒙尼哥公司果断解除了合约。同时，还要回购德蒙尼哥库存的3万台SONY收音机。

合约解除之后，德蒙尼哥立即翻脸，要求盛田昭夫马上将库存的收音机搬走。那可是3万台收音机，再加上外包装，码得像小山一样高。盛田昭夫带领4个人，从清晨开始，一直干到第二天凌晨4

点。虽然寒冬腊月，但他们浑身是汗。

当他们把收音机全部搬入新仓库时，已经疲惫不堪了，不知道是谁，在忙乱中踩响了警报器。这下可惹麻烦了，惊动了仓库的警卫人员，他们迅速赶来，以为发生了盗窃。盛田昭夫连连道歉，说他们都是索尼的工程师，这一解释不要紧，警卫人员更加怀疑他们的身份，工程师怎么会是这个样子。盛田只好拿出公司的文件与合同，费了好一番口舌才解释清楚。警卫离开的时候，还耸着肩膀说，这些工程师好像都疯了。

这次经历，虽然充满曲折和麻烦，但事实证明，盛田昭夫的决定是正确的。从此，索尼可以按照自己的市场定位，开拓美国市场，打造自己的营销渠道。

随着索尼在美国的业务越来越大，盛田昭夫审时度势，提出了在美国设立索尼分公司的建议。这种意识在当时是非常超前的，因此遭到董事会的反对，连井深大也不赞成。

盛田昭夫反复申明自己的理由和看法，他认为索尼在美国的销售环节非常薄弱，如果成立SONY美国公司，不但可以增加销售利润，更重要的是，建立自己的销售网络后，对索尼国际化进程将会起到推动作用，增强公司的整体竞争实力。特别是与德蒙尼哥公司解约之后，更促使盛田昭夫下定决心，执意要这样做。

5. 索尼股票在美国上市

一个公司的运营离不开资金保障，这个问题一度困扰过索尼。

当时的日本虽然逐渐富裕起来，但还是很难筹措资金，必须依靠朋友和熟人的介绍，才能找到愿意投资的人。在这方面，盛田昭夫与井深大只能以良好的信誉和人品，赢得投资人的支持。除了井深大的岳父前田多闻，盛田昭夫的父亲久左卫门之外，还有许多知名人物，都对索尼公司给了很大帮助。

像顾问委员会万代顺四郎，也就是三井银行的前任董事长。那时，他在银行职员的眼里具有极高的地位，能够得到他的信任，十分幸运。三井银行一直看好索尼公司，在其增股时，万代顺四郎几乎用命令的口吻，让银行的几位负责人购买索尼股票。当然，凡是购买者，都没有吃亏，这笔投资非常值。

但后来，三井银行的贷款越来越谨慎。特别是索尼的顾问石代顺四郎去世之后，获得三井银行的贷款支持越发难了。索尼作为一个新技术为主的企业，没有研发资金的支持，就很难得到发展。

井深大和盛田昭夫意识到，解决资金问题是索尼的当务之急。他们不仅想到日本的银行，也把目光盯上了美国股票市场。那里提供风险投资的机会很多，美国社会鼓励人们去冒险和创新，这是世界上很多地方无法比拟的。这对小企业非常有利，特别是高新技术产业，所需要的投入相当大，常常是高投入、高回报，当然也是高风险。

如果索尼的股票能在美国上市，将给索尼带来前所未有的发展机遇。

1960年秋天，井深大和盛田开始做准备，争取在美国发行股票。当时的索尼在日本还属于小公司，如果在美国上市，必须与那些大公司进行竞争，这的确是一件相当艰难的事。虽然论证程序复杂，可是井深大和盛田昭夫经过一番努力，还是获得了美国预托证券公司的信任。

1961年2月，美国的预托证券公布了评选结果，有三菱、东芝、日立、索尼等。对于索尼的入选，震惊了日本企业，都觉得索尼公司太小，没什么竞争实力。但是美国的经济专家不这么认为，他们看重索尼的创新能力，公司虽然小，但增长速度极快，并且十分看好这家企业的开拓精神和创新产品，前途不可限量。

史密斯·巴尼公司和诺穆拉证券公司愿做索尼的联合保证人，索尼获得了在美国的发行资格。这对日本企业来说也是第一次。

当然，要想在美国上市，必须经过日本大藏省的批准。还有接受美国联邦证券委员会的审查和管制。当时，日本的很多公司都希望在美国上市，大藏省要进行严格的审查，只有资质好的企业才能过关。这不仅是企业信誉的问题，也涉及国家形象。

日本的官僚作风很浓，幸而当时的首相池田勇人很有超前意识，积极推动企业国际化进程。因此他非常赞成索尼步入国际化的行列。

大藏省审批合格后，索尼公司成立了以盛田昭夫为首的特别委员会，全力准备和负责在美国上市的工作。为了成为标准的美国上市公司，必须在各个方面符合美国的法律法规，因此需要修改一些日本的经营惯例，以适应美国不同的商业文化。

在合约签订方面，与美国也有重大差距。索尼作为第一家在美国上市的公司，没有先例可循，需要日美双方沟通的事情非常多。工作量如此之大，千斤重担都落在盛田昭夫的肩上，上市前三个月，他每天都在诺穆拉证券公司工作到凌晨两三点钟。

盛田昭夫的努力和汗水，终于有了回报，索尼公司在美国成功上市。这一回，他们再次创下了一个记录，使索尼成为在美国第一个上市的日本企业。盛田昭夫特别高兴，这次工作让他收获良多，他把这次工作经历中的经验和体会写成一本书，详细记录了索尼公司在美国上市的全过程。

出版后，相当受欢迎，成了日后其他海外上市公司的必读资料，非常畅销。特别值得一提的是，索尼在上市过程中，改进了的日本企业的会计方法，称为联合式会计方法，日后也成为日本标准的报表方法。

索尼股票在美国上市之后，相继又在世界十几个国家上市交易，建立了多条融资渠道。

6. 以创新理念开拓市场

盛田昭夫在推销磁带录音机的经验中，意识到开拓市场实际上就是一种交流。在日本的消费品分销系统中，有几级中间商，制造商与消费者之间的信息反馈不畅通。这种传统的分销系统效率低，成本高，适用于低端消费品。而SONY公司的产品是正相反，是高技术新产品，消费者的需求与研究者的方向应该及时反馈，同时研究者也应该掌握市场动向，了解消费者心理，引导和激发消费者的热情。

因此，生产者最好拥有自己的营销渠道，按照自己的方式把产品推向市场。这是全新的思路，在日本还没有，而美国人已经做得很好了。盛田昭夫把这些美国的营销理念，加上自己的推销经验，不断更新索尼的经销思路，并且他非常坚定。虽然索尼的同仁一开始并不认同，但后来还是同意了他的主张。

为了在美国创办公司，盛田昭夫做了许多准备，并向日本商务省提出申请。1960年，获得批准后，索尼首先向美国汇出了500万美元，用于注册资金。1960年2月，索尼美国公司正式成立。终于，可以按照索尼自己的理念和市场定位来开拓美国市场了。

盛田昭夫与他的团队做了一番精心的策划和准备，开业时，场面极其火爆。针对美国人喜欢标新立异的观念，在这一天，推出索尼TV51303型电视机，大力宣传索尼又一次创造了世界第一，这本身就是一个轰动事件，使开业典礼更加引人注目。第二天闻讯赶来的消费者竟达7千多人，盛况空前。

创业的过程虽然辛苦，但也充满激情。强将手下无弱兵，盛田昭夫的部下荒井就是一位出色的干将。他向盛田昭夫提出建议："如果我们想在美国扩大销售网络，至少在西海岸也要建立事务所。"

盛田看看荒井，二话没说，立即表态："太好了，你明天就去加州，筹办设立事务所的事。"就像在战场上指挥打仗一样，果断做出决策，彰显大将风范。荒井立即动身，孤身一人前往洛杉矶，带着样品，向百货公司零售店进行推销。

盛田昭夫果然没有用错人，经过荒井一个月的奋战，事务所初具规模，随着业务量不断扩大，他又租了一个带仓库的房间，销售额直线上升。盛田昭夫为他增派了两名事务员和仓库管理员。每当关键时刻，盛田昭夫总是以敏锐的直觉和魄力做出正确的判断和决策。

TV51303型电视机上市后，在美国极其畅销，很快就被抢购一空。盛田昭夫马上电传公司进行空运。公司有许多人提出反对意见，空运费用太高，实在没有必要。还有人说，消费者也跑不了，何必那么着急。

可是盛田昭夫认为遵守信誉是商家的第一原则，既然已经作了广告，就得兑现承诺。消费者来购买时就不能没货。再说，空运本身也具有一种广告效应，正是树立公司形象的大好时机。再说，应该把目光放远，不要心疼眼前这点运输费用。经过盛田昭夫做工作，大家觉得有道理，支持了他。

事实证明，盛田的决定非常英明果断。这次空运事件，果然被媒体注意到，报道之后，索尼几乎成了美国的明星。这件事还征服了道南迪安公司，这是当时美国有名的广告商。他们看好索尼的前景和产品，愿意承接广告，并且只收取同类广告的一半费用。许多著名广告就是这家公司的杰作，随后又推出多个新版本。由此，SONY在美国变得家喻户晓。

在美国开办经销分公司的创举成功之后，盛田昭夫又打算在纽约筹建门店。

但这一回，他不是单纯地为了扩大市场，而是想真正了解美国，抓准美国消费者的脉搏和心理，把索尼的创新产品与美国市场融为一体，永葆SONY的青春活力。为了达到这一目的，他还做出决定举家迁往美国，在这里住一段时间，融入美国社会，真正体验美国人的生活，找到索尼国际化的内涵和本质。

1962年10月1日，索尼在纽约开设了门市部。盛田昭夫不但有大企业家的魄力，独具远见卓识，而且在具体工作中，非常注重做事的细节。在如何选址的问题上，他颇具匠心，已经花了两年时间，进行认真研究。

盛田昭夫反复考察和比较，为了适应索尼高质高价的市场定位，他要找到一个满意的地方，与SONY形象和谐匹配。最后，他在纽约第五街豪华地段选定了店址，店铺不大，宽4.5米、深6米。

盛田还亲自设计装修草图，为了使店铺显得宽敞，在一侧的墙壁上镶上大镜子。店铺整体布置显得典雅大方，还在店门上挂了日本国旗，这也是第一面飘扬在纽约第五街上的日本国旗。

纽约的门店开业时，盛田昭夫的妻子也参加了开张仪式。就这个机会，他和妻子商量来美国居住的事，良子虽然没有思想准备，但她了解丈夫，更相信他的决定是正确的。要想在美国立足，必须入乡随俗，融入美国社会。良子几乎没有犹豫就同意了。1963年2月，盛田与家人正式迁到纽约生活。

他们在纽约五号街的住宅区租了一间公寓。之所以选中高级住宅区，一个重要因素就是通过提高生活档次，便于与外界交往，增加企业形象。盛田昭夫认为看到这种高档次的家居生活，也会使人联想到SONY产品的高品质形象。

来纽约居住后，良子扮演了十分重要的角色，她性格开朗大方，善于处理人际关系，成了盛田昭夫的好帮手。并且，良子在社交和应酬之外，还以新的角色，开创了自己的事业。她对服装业有着很高的品味和鉴赏力，借着在美国生活的机遇，将一些时装方面的信息带回日本，还访问了许多美国的时装设计师。

与此同时，她还不忘宣传索尼的形象，常常采用索尼最新的产品，进行录音或者录像，制成音像资料。日后，良子在日本还主持了一个有关时装的电视节目，并且这个节目延续了十年，她经常到国外的时装中心去采访，对推动日本服装时尚化方面起到了推动作用，同时，无形中也提高了盛田昭夫的声望，提高了索尼的形象。

良子出生在东京一个武士家庭。当时日本的武士在社会上地位很高，她家在德川幕府时代就开始做图书出版和销售生意，一直发展为庞大的连锁书店。小时候的家庭环境与盛田昭夫的家境差不多，家里总是有人谈生意。受环境熏陶，良子早就积淀了一些商业意识，尽管她没有出过远门，但盛田昭夫相信，以她的个性，一定能够尽快调整自己，适应美国的生活。

刚到美国时，良子不会讲英语，自然给生活带来许多不便，但她以惊人的速度学会了用英语与人交流，并且以极强的待人接物能力，赢得了朋友们的赞叹，说她具有外交家的智慧和才华。

很快，良子就融入了美国社会，一切都变得非常自如，并且经常在家中招待来宾，举办鸡尾酒会，以及各种社交聚会。场面最恢宏的一次，在家中举办盛大午宴，参加人数超过了四百人，但良子还是安排得有条不紊，气氛温馨而愉悦。

良子做事非常用心，不仅是一个出色的家庭主妇，还颇有思想。她把自己的社交经历总结出来，写成一本书，《我对家庭礼宾的看法》。出版之后，很受欢迎，一度成为畅销书。这本书的内容涉及多个领域，并结合她的实际经验，表达了许多独到的见解。书中还记录了许多有趣的事件。

特别是针对服装方面，良子的视角和品味更让周围的人惊叹不已。她劝告日本妇女不要在不恰当的场合穿和服："举行社交聚会，是为了能让客人们心平气和地享用一顿美餐和相互交谈。每个人都穿着同类的服装，就会加强和谐的气氛，如果哪怕只有一个人穿着明显的华丽衣服，就会使其他人感到不舒服，结果整个聚会就会缺乏温馨之情。"

她学会了用优雅而又简洁的方式来款待客人，使人感到轻松愉快。良子还观察到，有的外国人来日本人家里做客，常常担心，可能会吃日本餐，但他们不会用筷子，感到尴尬。因此，可能会拒绝主人用餐的邀请，良子想得非常周到，每当这时，她总是早早把餐厅的门打开，这样，客人就可以看到餐桌上放的是西式餐具，打消了顾虑，愉快地接受邀请。

良子还有一份名单和记录，凡是来过的客人，都有记载，比如到访的时间、事由、发生过什么事情等等。特别值得一提的是，上面写着他们喜欢什么，不喜欢什么。例如，在她的名单中注明了男中音歌手迪斯卡乌只喜欢简单的烤肉；钢琴家安德鲁·瓦茨的母亲不喜欢吃鱼，指挥家列奥纳多·伯恩斯坦喜欢吃寿司和生鱼片等等。

这些细节处处体现出良子办事认真、对别人关怀备至、追求完美的性格特征。她把与人和谐相处的艺术发挥得淋漓尽致。

良子的开朗很快适应了美国的交往方式，她可以和美国人一样，大声争论，就不同意见直接表达自己的看法，不必转弯抹角。这在日本人看来是非常为难的事情，日本人总是彬彬有礼，喜欢绕着弯子讲话，对西方式的争论常常感到吃惊，会做出过激的判断和反应。而良子则不同，她能够和美国人一样，自如地沟通，对事不对人，该争论就争论，过后又和好如初。

良子帮助盛田昭夫做了许多工作。比如，经常驾车，亲自接送盛田昭夫以及公司的其他员工，或者接送一些朋友。去机场的路就不知道让她跑了多少次。良子不仅仅当司机，她还会给那些刚来美国的人出主意想办法，大家有事都喜欢问良子，她总是热情帮助别人，她的美德和智慧无不赢得大家的赞美。有时，公司的员工要测试调频收音机的灵敏度，她就开车拉着他们转遍整个城市，从中心到市郊，在各个方向上一直走到信号消失为止。

1964年7月，由于父亲久左卫门去世，盛田昭夫一家搬回日本。

经过盛田昭夫在各方面的努力，对美国市场有了更加深入的了解，也使SONY在美国市场上牢牢站稳了脚跟，赢得了索尼高档次、高价格的市场地位。盛田常常对索尼的推销人员说："你们要像推销宝石一样推销索尼的产品。"

盛田昭夫全力在美国开拓市场，其实还有一个战略意图，就是与国内的松下和东芝抗衡，他希望在国内争夺一部分市场份额。事实上，他已经做到了这一点，因为索尼在美国市场上取得了成功，早已在日本国内引发了轰动效应。

随着时间的推移，到了1965年时，日本国内购买SONY商品的顾客已经超过了同类商品的50%。一个默默无闻的小企业，一跃可以与松下、东芝等大企平分秋色，这让索尼人感到十分骄傲和自豪。

战后的日本，消费能力很低，当时的松下公司采取低价市场策略，高新技术虽然较薄弱，但市场份额一直很高。而索尼正好相反，它属于高新技术产品，价格昂贵，在当时的日本，其销量恐怕不会太高，但他率先在美国找到突破口，有了一定知名度后，再进攻国内市场，针对较高收入人群，实行曲线迂回战术。

与松下等企业的竞争主要靠市场细分，各领风骚，而不是打价格战，结果在日本国内也一举成功。

7. 索尼与中国的合作

第二次世界大战结束到1971年，日本经济迅速增长，而美元对日元的比值一直是1:360，日本产品在美国市场很便宜，而美国货变得越来越贵。于是美国尼克松政府宣布美元贬值。世界各国的货币都变为浮动汇率，日元对美元几乎是一夜之间升值了15%。对于这种货币游戏规则，很多人把资金用来投机，非常赚钱，远远高于做企业的收入。

这一年，盛田昭夫出任索尼社长。面对世界经济形势的变化，他仍然坚定地做实业，注重利用和发挥索尼的优势。尽管无法把握未来货币政策的变化，但还是把目光放远，不能盯在眼前利益上，这一点盛田昭夫是明智的。

随着索尼电视机在美国市场的份额越来越大，盛田昭夫提出在美国圣地亚哥投资建厂。同时，又先后扩大欧洲市场，建立了许多海外分公司。

盛田昭夫关注世界每个国家的发展状况，当中国改革开放之后，邓小平的政策使中国引进了市场竞争机制。他开始关注中国的发展和变化。

盛田昭夫意识到开拓中国市场是索尼的又一个发展机遇，人口众多，市场潜力无可估量，这对索尼的发展有重大意义。

1978年，索尼的广播电视专业产品，还有家用电器产品开始进入中国大陆市场。在长安街北京饭店不远的地方还树起了巨大的广告牌。这一年，盛田昭夫来到中国访问。在中国访问期间，盛田昭夫还参观了北京和上海的一些工厂，特别是电子工业方面的情况，他都非常感兴趣。了解中国现代化建设的情况，以便制订出与中国合作的战略计划。

1979年，盛田昭夫在基辛格的帮助下，访问了中国政府领导人。访问原定为礼节的拜访，可是与邓小平会面后，却对许多问题进行了深入的谈话。

盛田昭夫与邓小平的会面在人民大会堂举行，大厅很宽敞，高高的天花板，精制的壁画。谈话期间有两个翻译，除了讨论经济形势，邓小平还提了许多问题。他想知道索尼公司是如何发展得那么迅速，还想听听盛田昭夫对中国现代化建设的看法和建议。

盛田昭夫非常坦诚，率真地向邓小平说了自己的看法："中国正在浪费大量的宝贵时间和金钱，现代化建设的效率很低，我想您一定不希望这样浪费。"

盛田昭夫向邓小平谈到自己在上海参观时看到的情况，"机器设备很陈旧，工人们在吸烟聊天，没活可干。而一些官僚在国外购买来的设备，又缺乏技术工人来操作，工厂的经理和工程师并没有协调好整个工作流程。还有的设备没有足够的电力来支持运行。"

比如在上海的一家工厂，盛田昭夫就发现一个现象，一台崭新的自动化机器正在为电线剥皮，这些电线是焊在电路板上的电线端头，电线上的绝缘皮如果用手工剥除，是很简单的工作，既容易又经济，而用了那台机器，速度虽然很快，但它工作一天，剥出的电线非常多，多到可以供全厂工人使用一个月，如此巨大的浪费，既提高了成本，又不利于就业。

这是管理上出了问题，但是没人注意这些，更没人来协调，或者都没有考虑过这些问题，只是盲目生产，这样的效率来建设现代化，是得不偿失的。

盛田昭夫还谈到，他看见许多国家还没有开放市场，没有给企业提供自由竞争的空间，垄断现象一直存在。虽然有利于国有制公司对市场的控制，使其利益达到最大化，但是，损害了消费者的利益，同时，最终也会损害公司的长远利益，因为没有竞争就会故步自封，不求发展。

邓小平很重视盛田昭夫的看法，命令电子工业部门的高级领导与盛田昭夫再进行一次深入的细谈。

盛田昭夫与邓小平会面后不久，中国政府颁发新法律，允许外国公司与中国企业合资办厂，在合资法中表明准备承认私有制。

1980年，索尼在北京设立办事处。1985年设立上海办事处。

1993年9月与上海广电股份有限公司合资，索尼出资70%，成立上海索广电子有限公司。

在合资公司的创建运营过程中，也需要磨合。例如在工资方面，中方认为在合资公司中工作的人，应该比国营公司高一些。而盛田昭夫认为这种工资上的差别是错误的，合资公司的工资在刚开始的时候，应该与国营公司一样，只有在效率和生产力有了确切的改善之后才能增加工资。

另外，中方希望把合资企业的产品，不仅在国内市场销售，也要卖到国外去赚取外汇。但从盛田昭夫的观点看，这是一个根本的错误。国内国外的情况不同，消费者的需求自然不同，比如地域、供电、气候，还有产品质量和服务网点等等，都要考虑，不能一厢情愿，盲目生产，否则在销售上就会出问题。

中国目前的国情需要耐用和简单的产品，而发达国家的市场需要不同品味，完全是两种不同的市场定位，不能抹杀这种差别，没有一种产品既适合国内市场又适合国外市场。

随着中国改革开放的步伐，投资环境渐渐转好，生产力和人民生活水平都大大提高了，市场需求不断扩大，索尼进入中国的脚步也越来越快。盛田昭夫看到中国人勇气和决心都非常大，在很短的时间内学会了不少现代企业和市场的知识，但是中国的产品在质量和设计上与发达国家比，还有很大差距。

1994年，索尼设立广州办事处。同年2月，上海索广电子有限公司开始正式投产。1995年设立成都办事处。1995年10月，索尼与北京邮电学院科技开发公司、北京京芝电子资讯产业有限公司、北京天竺空港工业开发公司合资，索尼出资74.5%，成立北京索鸿电子有限公司。

　　1995年11月，索尼在广东省惠州市以100%的投资成立了索尼精密部件（惠州）有限公司。1995年12月，索尼与上海广电股份有限公司、上海真空电子器件股份有限公司合资，索尼出资70%，成立了上海索广映射有限公司。

　　1996年10月，索尼中国有限公司在北京成立。2000年8月，索尼在无锡以100%的投资成立了索尼电子（无锡）有限公司。

第五章　在创新中竞争取胜

1. 技术上的领头羊

自从1950年7月，索尼生产出日本第一台G型收音机之后，又推出了很多新产品，让消费者目不暇接。有些新产品不但市场上没有，消费者见都没有见过。比如，1955年世界第一台TR-55型半导体收音机、1960年世界第一台TV8－301型半导体电视、1965年世界第一台CV-2000家用录像机、1975年世界第一台BETAMAX录像机、1979年世界第一台TPS－L2型随身听产品、1983年制造3.5英寸1.44MB软盘。

细数索尼这些家珍，不免让人心生敬畏，或者说是一种感动，索尼人似乎在某种程度上影响了世界，改变了人们的生活方式。

的确是这样，索尼手持式录放像机，就给传媒界带来一场革命，改变了电视新闻采集和播放的速度和质量。他们还首创了数字照相机的前身玛维卡无胶片照相机，一度引领了时尚潮流。

自由商业竞争有利于社会进步，也促进科学技术的快速发展，竞争的结果，给消费者带来更大利益。索尼每年在创新技术研究方面投入大量费用，这项举措也显示出索尼的超前意识，再现了自由与豁达的企业文化。正是这种精神的指引，每次新产品问世，都会被同行分享。

竞争者和跟随者不需要花费那么大的研发经费，却可以享受创新的成果。这是一件让人烦恼的事，但索尼却觉得这是对索尼的肯定。尽管做领头羊，投资大，但是追求创新却是索尼最大的成功。

一开始，索尼研发出来的新产品，在市场独占的时间还较长，其他企业不敢贸然进入市场，直到发现索尼赚钱了，才进入市场进行竞争。但后来，索尼的产品，只要受到消费者好评，立即有人模仿，挤进来抢夺市场。随着索尼的成功，其他企业跟进的时间周期愈来愈短，甚至三个月就跟进，竞争越来越激烈。于是有些人把索尼叫作电子工业的试验豚鼠。

一开始，盛田昭夫和井深大听到这个比喻非常生气。因为这些医学实验的小白鼠，不是那么可爱，似乎有些猥琐，与索尼高品质的产品实在不搭界。有人主张，立即与这种观点展开针锋相对的论战，维护索尼的形象。

但是，盛田经过认真思考，认为与其争斗不一定是最好的办法，也许媒体这种说法并不是出于贬义。豚鼠也有一种精神，它们在医学实验中用生命换来科学技术的进步，这是难能可贵的，从这个角度看，反而豁然开朗了。

他作了大家的工作，想通之后，索尼人又开始利用豚鼠精神做广告，反而增加了索尼的知名度。这种恰当处理问题的公关能力相当高明。

索尼不仅技术上创新，营销上也创新。一般来讲，企业喜欢做市场调查，试图了解消费者需要什么东西但索尼的做法有些特别，他是反过来，用新产品引导公众消费。因为许多时候，消费者并不知道能够有哪些新东西，索尼从消费者的角度出发，以敏锐的直觉、创新的思维，开发产品和产品的新用途，再通过对公众的引导，创造性开拓一个新市场。

只有创新性思维和创新性产品才有资格这么做，在竞争十分激烈的现代社会，这是相当难的事情，但索尼做到了，并且获得了极大成功，不能不说是索尼的一个奇迹。比如，索尼生产的世界第一台"随身听"，创意就是来自盛田昭夫的一个灵感，其过程充满了神奇，再次诠释了索尼精神。

最初，盛田昭夫发现，有人在听音乐的时候，只想一个人听，不愿意打扰别人。还有的时候，事情很多，不能坐在录音机旁听起没完，如果把音乐随身带着，也很麻烦，机器又太重了。这是一个矛盾，市场上还没有一个产品能满足这些人的需求。盛田还发现，许多年轻人没有音乐几乎活不了，无论干什么，都喜欢开着机器听音乐。

通过对这些生活细节的观察，盛田意识到应该生产一种小型音乐播放器，一定会有市场。他又征求了一些音乐界的朋友，果然，大家都希望有这么一个可以随身听音乐的产品。

于是，盛田昭夫把工程师找来，谈了自己的想法，实际上就是拿来一台可靠的小型盒式磁带录音机，把录音部分的电路和喇叭去掉，换上立体声放大器，再加上一个非常轻便的头戴式耳机。

盛田的创意提出后几乎没人赞成，一位工程师说："听起来像是个好主意，但如果没有录音功能，不会有人感兴趣，恐怕卖不出去。"可是，盛田昭夫坚信这个东西一定受欢迎，坚持要做。

工程师们没有兴趣搞它，但盛田昭夫有决策权。他干脆下了命令，就按他的意思办，赶紧拿出样机来。项目组只好硬着头皮去执行，技术都是现成的，工艺并不复杂，只是稍加改造就成了。

很快，盛田昭夫也看到了会计的定价单。他又下了一道指令，定价不能太高，要让年轻人能买得起。会计对他的定价原则坚决反对，但盛田昭夫认为，随着销量的增大，成本自然会降下来，因为技术是成熟的，没有任何新产品研发费用，只是一个简单的改造，其他部位是老产品，质量上绝不会出问题。

过了不久，试销产品就生产出来了。小巧玲珑，操作简便，还配有一副轻巧的耳机。盛田昭夫非常高兴，拿着它向家人和朋友征求意见。

妻子给他提了一个建议，最好有两个耳机，夫妻两人可以同时听。一位朋友又建议他，加了一个带开关的麦克风，两个人既可以听音乐，还可以互相对话。

这些建议启发了盛田昭夫，于是又设计出一个系列的产品，单人听的，双人听的，有话筒和无话筒的等等。

这个新产品的诞生，虽然没有技术上的创新，但盛田昭夫觉得，用自己的智慧创造出了一种全新的音乐欣赏方式，这是前人没有尝试过的。对于那些喜欢音乐的人，无论走到哪，都可以把音乐随身带着，这是多么美妙的事情。

可是市场销售人员没有像盛田昭夫那么兴奋，甚至他们对销售前景持悲观态度，他们认为这种东西根本卖不出去。盛田昭夫坚定地给大家鼓劲，让大家相信他的感觉和判断，这东西一定有好的市场前景，要是卖不出去，他愿意承担全部责任，盛田甚至说："如果今年年底的销售量没有达到10万台，我将辞去董事长的职务。"

事实上，正像盛田昭夫的自信和直觉那样，非常灵验。消费者反应极好，这个叫作Walkman的随身听一问世就大获全胜。

尽管Walkman这个名字不太符合语法，也试图改过其他名字。

但Walkman早已声名大振，不必改来改去，消费者就认它。很快，生产的速度就跟不上订货的要求了，于是又设计了自动生产流水线，开始大量生产。随着这个产品在市场不断走红，又开发出70多种型号，甚至有防水和防沙型的。

当型号越来越多的时候，出现了一个有趣的现象，Walkman是把录音功能从录放机中拿掉，而现在又把原来拿掉的功能一件件加上去，然后，又增添一些其他装置，或增加一些新的功能，但统统变成热销产品。

当然，广告也在促销中起到良好作用。比如一个非常有创意的广告，就是雇用年轻夫妻，带上随身听，在星期天到称为步行者天堂的东京银座去散步，一边走一边听Walkman，成为一种流行时尚，大出风头，吸引路人的目光。

Walkman上市以后，销量不断攀升，几年里，就卖出两千多万台。

2. 永无止境的追求

20世纪60年代，对于索尼公司来说，是个蒸蒸日上的时期。他们生产的黑白电视机非常畅销，生产多少台就能卖掉多少台。可井深大和盛田昭夫仍然没有满足已经取得的成功，时刻不忘创新，因为他们知道，一切都在迅速变化着，不仅世界在变，消费者也在变。作为一个高新技术企业，如果不能把握这些变化，就无法在商业领域里生存。

那时的美国已经能够生产大型录像机了，当时的广播电视行业使用的都是他们的产品。为此，井深大和盛田昭夫多次讨论过，如何利用这项技术开发出微型产品，就能在家用市场上大显身手。他们认定使用小型录像机早晚会成为一种时尚。

美好的市场前景使井深大和盛田昭夫总想跃跃欲试，索尼一些年轻的工程师也非常支持这种看法，特别是大贺典雄几乎是雄心勃勃。1950年他还是东京艺术大学声乐系的学生，就对索尼提出许多建议，针对首批录音机的性能进行过大胆批评。多年来索尼一直出资聘请他做产品的评论员。他有一句非常经典的评论："一个芭蕾舞演员需要一面镜子来完善风格和技巧。一个歌手也是如此。"如果把录像机比作镜子，则是再好不过的比喻了。

但是，把庞大的录像机缩小，也绝非易事。因为第一代录像机体积很大，几乎占满一个间房，它的磁带有二英寸宽，绕在敞开式的带盘上。并且录像机价格昂贵，大约有十几万美元。把它搞成家用产品，必须进行一场革命，每个部分都要改成微型操作系统。

经过一系列的改革和试验，索尼终于给录像机减肥了，缩微到可以扛在人的肩上。产品缩小了，磁带的尺寸也从原来的2英寸减小到3/4英寸，而这项改革，被全球各个厂家认可，日后，成为录像磁带的统一标准。

首批录像机生产出来，被泛美和美国的一些航空公司订购，其他公司也看好这个产品，拿它当工作机。仅福特汽车公司就购买了五千台，用于培训销售人员。福特公司的做法立即被效仿，许多公司纷纷效仿，使用这种录像机，培训技术人员和推销人员。一时间，这种录像机非常受欢迎。销售范围几乎覆盖了全世界，得到了广泛使用。

特别是在广播电视行业中，U-Matic录像机几乎是一夜之间就流行起来，迅速取代了老的录像机，因为它非常实用，体积小，操作简便。使用这款新机器制作节目，非常轻松，时间也大大缩短了，特别是后期编辑，不再需要胶片加工室，节约了大量资金。索尼的新技术改变了新闻采访的工作流程，可以说，对广播电视领域起到了划时代的推动作用。

但是井深和盛田并不满意，他们感到这种机型还是太大，价格也比较昂贵，还是不能成为家用产品。经过不断研究和改进，终于生产出世界上第一台家用录像机。他们采用了半英寸的录像带，体积减小，成本也降低了。而且，还研发出各种不同机型供消费者选择。

一路走来，索尼一直没有停止脚步，他们还想进一步改进产品，让消费者感到更加方便，拿在手里，就像小盒子一般大。有一天，井深大从美国出差回来，一进办公室就把录像机开发小组成员召集到一起。他强调说，现在最重要的项目仍然是家用录像机，机器的大小是关键。他指着一本书说："录像带就这么大，而容量还不能小，至少能够录一个小时的节目。"

研发小组成员果然指哪打哪，在很短的时间内就解决了问题，再次为录像机成功缩身，开发出了可加密的微型录像系统。进入市场之后，他们又根据顾客的需求，增加了许多新的型号。同时，市场也给予索尼丰厚的回报。

现在，让我们回过头来，再说说索尼彩色电视机的开发过程。

井深大和盛田昭夫对已经取得的成就没有满足，他们早就把目光投向彩色电视机。20世纪60年代，在彩电研制方面，美国人处于领先地位，而且，美国无线电公司的技术标准，已经被世界认可。但井深大和盛田昭夫下定决心，一定要再次超越美国。尽管当时的索尼对黑白电视机有很多制作经验，但黑白电视机与彩色电视机完全是两回事。

井深大和盛田昭夫虽然知道SONY的技术落后于美国这些领先者，但他们现有的彩色电视有明显缺陷，超越他们的机遇仍然存在。只要针对这些缺点，找到弥补办法，或者另辟蹊径，重新发明一种技术，就有可能超过他们。

井深大和盛田昭夫认定，加州大学厄尼斯特·罗伦斯教授发明的回旋加速器大有前途，他设计的彩色显像管与其他的方案完全不同，虽然很复杂，但显像管的颜色十分鲜艳，耗能也少。他们决定以这项技术作为研究的基础和方向。

1962年，索尼决定向帕拉蒙电影公司购买了上述技术的专利许可证。经过一系列艰难的努力，生产出了13000台彩色电视机，在日本国内上市。但由于成本很高，市场前景并不乐观。最后，经过权衡利弊，井深大和盛田昭夫忍痛割爱，果断做出决策，放弃了这项技术。

他们决定开发索尼自己的显像管，也就是后来叫作单枪三束显像管。这项新技术的开发，着实让人为索尼捏了一把汗。因为它历时7年，投入了巨额研发经费，都是银行贷款，如果不成功，索尼有可能因为巨额债务而破产。

研发过程非常艰难，井深大是公司的一把手，但是他只对技术问题感兴趣，经营管理等诸多事情都依赖盛田昭夫。

在漫长的研发过程中，募集资金的压力十分巨大。盛田昭夫后来回忆说，他和井深大商量过资金的问题，但井深大丝毫没有改变的意思。

这之后，盛田昭夫不再提醒，而是坚定地信任和尊重井深大的想法，动了所有的社会关系，千方百计想办法去，筹集了200万美元的研发经费，在各方面支持井深大开发新技术，不让他分心。

俩人性格迥异，但是却能像孩子一样纯真地互相信赖和支持，不干扰对方的情绪，默默支持。可以看出这些伟大的成就背后，蕴藏着伟大的人格魅力，令后人万分敬仰。

有人评价说："单靠井深对技术的冲动和天真，不可能造就索尼这个庞大的商业帝国。如果没有盛田昭夫卓越的洞察力以及开发市场、善于管理和出色的社会活动能力，索尼早就在特丽珑彩管技术的开发上出现灾难了。"

当然，井深大也独具人格魅力，在漫长的研发过程中，小组成员没有一人离开索尼，始终团结在他的周围，显像管成功诞生的那天，井深大郑重地给大家鞠躬致谢。

通过显像管技术的不断改造，不但降低了成本、简化工艺，而且色彩逼真，显像效果比其他显像管提高了30%，耗电量也大大降低。索尼开始投入生产，最初的产品是12英寸和7英寸的彩色电视机，当时在市场上是独一无二的，没有竞争者，因此定价400美元，这个价钱在美国可以买一台23英寸黑白电视机。

有人认为定价过高，但盛田昭夫坚信这一定价策略是正确的，他主张高价高促销策略。并且预测，到1968年年底，美国将有一千万个家庭拥有彩色电视机，同时，人们还希望拥有一台自己的电视机，可以随意选择喜欢的电视节目，还可以带到户外观看。

针对消费者的这些需求，电视机的体积必须小，亮度还要强，携带方便，甚至可以把电视机装进上衣口袋里。于是，研发人员一再努力，开发了多种型号的彩色电视机，让消费者耳目一新。特别是配合广告宣传，比如那些"放在肚子上观看的电视机"、"钓鱼时观看的电视机"等等广告语，都以新奇有趣的时尚风格打动了消费者。

由于这些产品的独创性，给美国人的生活方式带来极大影响，在1972年，索尼公司获得了美国国家电视艺术科学院颁发的爱米奖。对索尼来说，这是非常荣幸的事。因为在此之前，该奖项从来没有颁发给一种工业产品，这是索尼人创造的又一个第一。1976年，索尼因U-Matic磁带录像机再次荣获爱米奖。

到了1994年，索尼已经卖出了约一亿个特丽珑显像管电视机，直到2008年才下线，宣告停产，届时，已经销售了2.6亿个。这项新技术发明，具有如此巨大的影响，在世界上也是屈指可数的。

3. 面对东西方差异

盛田昭夫的许多欧美朋友都有一个共同感觉，一致认为，他在性格上与典型的日本商人不一样，既不沉闷，又不张扬，既不冷漠无情，又不高深莫测。他像一部马力十足的发动机，喜欢社交、热情主动、幽默风趣，魅力无穷。他的性格几乎无可挑剔。

其实做到这一点，盛田昭夫下了很多功夫，这绝不是他天生就有的性格。为了开拓西方市场，他在各个方面都付做出了巨大努力。东西方存在很大差别，这是客观存在，如果索尼公司想走向国际化道路，就无法避开两种不同文化、不同世界观而造成的矛盾。只有融入西方社会，消除沟通上的障碍，才能获得成功。

他以不倦的精力和意志，在实践中不断学习和研究，寻找恰当的方法，化解双方的差异，互惠互益，达到双赢。这几乎是一种炉火纯青的人际沟通艺术，不经过艰苦卓绝的努力是无法办到的。

盛田昭夫是在一个传统的日本家庭长大。在这个家里，对任何事情的交流和处理方式都很含蓄。彼此之间谈话时，所采用的词汇总是模棱两可，从不直截了当。这与坦率直言和正面交锋的美国方式完全不同，经营作风自然也不同。他必须找到恰当的有效方法，才能在美国游刃有余。实际上，他做得非常好，可以说，他是20世纪日本商界的楷模。

就连日本一位首相在首次访问美国之前，都要向他征求意见。盛田昭夫态度坦诚，他深有体会地说："西方人在提出问题或表达观点时，喜欢直截了当。因此与他们谈话，一定要用"yes"或"no"开头。因为他们希望马上知道对方是同意还是反对，然后再做简要的说明即可。而日本人喜欢把"是"和"不是"放在句尾，这对西方人来说，是难以容忍的。因此，采用西方人喜欢的方式，与他们沟通会更加容易。"

关于这一点，有记者还问过盛田昭夫："西方人喜欢直言，而回到日本，又要用日本人的惯用思维，采取委婉的方式与人交流，这样变来变去，会不会觉得很难。"盛田昭夫回答说，是这样，实际情况比你想象的还要困难，因为你要改变多年的习惯，思维也有一些定式，做得恰到好处的确不容易。

只有经过才能体会那些酸甜苦辣。每天都要面对各种各样的人，找到有效的沟通办法，这些如鱼得水的成功背后，一定经历了痛苦的学习成长过程，或者说是脱胎换骨的历练。

盛田昭夫的长子盛田秀夫也评价过他的父亲。说他这一辈子是个非常完美的演员，在国内外，甚至包括井深大以及他最亲近的家人在内，没有任何人看到过他脱下面具的样子。还说自己很像他的父亲，母亲也说，他们父子两人非常相像，都很擅长表演。

秀夫认为，这是一种鼓励自己的方式，如果你想扮演一个国王，你就必须时时刻刻像个国王。父亲作为盛田家族第15代掌门人，也是日本发展最快的公司总裁形象。他必须"表演"，或者说，他不得不扮演日本最受世界理解和瞩目的企业家。

秀夫还说，虽然他不认为那是父亲真实的一面，他永远也不可能演好所有的角色，包括为人夫，为人父，但他为了演好这个角色，一直都在竭尽全力，不断地工作和学习，这让周围的人，包括秀夫自己在内都敬佩不已。

虽然盛田秀夫的评价带有主观色彩，但是很贴切。对于西方文化，盛田昭夫虽然可以效仿得惟妙惟肖，但永远不会改变他骨子里的东西。

1971年，也就是盛田昭夫成为索尼社长的这一年，他创建了一个男士俱乐部。其成员由日本企业界和金融界的知名人士组成，入会的费用为100万日元，会员有40多人。他希望这个俱乐部成为日本各类企业领导人物聚集一堂、对日本经济畅所欲言的中心场所。他们中间大部分人都在明治维新时期出生，日后又成为商业及金融界的杰出人物。

当时的日本，也有一些类似的俱乐部，但都是按照各行业范围之内的形式组织起来的，而盛田昭夫的想法相当前卫，他打破了这一规则，把各业精英组织在一起，这在日本是首创。他们之间的交流有利于认识把握世界局势、社会发展、经济形势等宏观规律的变化，指导企业做出正确的战略决策。

盛田昭夫不愧为一个商业社会学家，他认为俱乐部是一个孕育发明创造的宝地，取名为"Club Amphi"，源于英语，是两栖动物的意思。他把这个名字用黄铜制成纪念牌，镶在俱乐部酒吧的墙上，在下面还写着这样一句话：我们日本商人必须是"两栖动物"，学会在水里和陆地上都能生存。

盛田昭夫认为这个名字代表一种观念，表达了他志在东西方两个世界大展宏图的思想，也是他内心感受的一种写照。一方面指的是日本传统的文化和习俗，另一方面指的是西方世界。通过企业家的努力，把各自价值观所构成的东西方世界和谐起来。

遗憾的是，这个俱乐部在1990年停止了活动。其原因是一位年轻会员下大赌注玩21点，有些人跟风，盛田昭夫担心夜间赌博会造成不良影响。

在经营跨国公司的过程中，盛田还发现美日有诸多不同。比如，日本的公司几乎不解雇工人，企业在不景气的时候，也要上下一起渡过难关，否则在恢复生产时，到哪里去找那些熟练的工人。由于多年在一起工作，上下级关系非常密切和融洽。而企业文化也支持和鼓励把长远利益作为公司的目标，一旦目标确定，常常不会改变。

美国公司则不然，与日本的做法正相反，认为开除一些不称职的员工是很正常的事，西方企业的管理者在不景气的时候就裁减工人，这让盛田昭夫感到震惊，因为在日本，除非到了山穷水尽的地步是不会这样做的。

在美国，员工跳槽也是极其正常的事。在索尼美国公司，曾经有一位销售经理，工作能力很强，被大家一致看好。于是，让他到东京去参加培训，熟悉索尼的经营哲学和组织精神。在东京的培训期间，他也给大家留下了良好印象。回到美国后，大家都为他感到高兴。可是，突然有一天，这位经理来到盛田昭夫的办公室说他要辞职，并且直言不讳，说是因为另一个公司用高于一倍的工资把他挖走，他觉得无法拒绝。盛田昭夫十分吃惊，这种事在日本人看来似乎和叛徒一样，让盛田感到不可理喻，心里有些难过。但这是美国方式，没人觉得不妥，很正常，没有任何过错。

几个月以后，在一次电子展览会上作为竞争对手，盛田昭夫与这人相遇，觉得应该回避一下，不便碰面，免得双方都会尴尬，但是，让盛田没有想到的是，那人很自然地跑过来打招呼，几乎没有一点惭愧的感觉。他还向周围的人热情介绍盛田昭夫是他原来的老板，好像什么事都没有发生过。

那一刻，盛田昭夫才意识到，日本与美国对企业的管理理念完全不同。盛田实在不喜欢美国的这种方式，这件事过后，他下决心要想办法避免这样的管理技巧。

1973年，由于石油禁运，而日本的原油完全依赖进口，因此日本的经济深受其害，通货膨胀率高达25%，一些公司无法继续营运，只好让职工回家。但是这些人不愿意看到公司身陷困境时，自己却在家中闲坐，他们陆续回到公司尽义务，打扫卫生，修剪草地，干一些杂活。有些生产厂家派职工去当义务推销员，帮助那些遇到困难的零售商。这种事情并不是出自管理者的命令，而是出自工人们的自觉，他们把自己与公司的命运紧紧相连。

盛田昭夫总会被这些人的行为所感动，所以无论如何，他都不喜欢美国人那种唯利是图的做法。

在美国，有几十万律师，他们无处不在，就连交通事故都要插手，并且律师会获取高额费用，有时赔偿费用的大部分都被律师拿走。美国的企业与企业，政府与企业几乎都存在法律关系。要在美国做生意，必须学会这些规则，懂得法律要求。这与日本完全不同，在日本，很多企业之间，或者个人之间的矛盾是靠仲裁来解决的。

美国的律师及其诉讼甚至成了企业发展的障碍，常常给经营者带来麻烦而非保护。为此，盛田昭夫还应邀在肯尼迪行政管理学院发表过演讲，题目是"律师对美国企业家的妨碍作用"，就他在美国经营企业的亲身经历，发表了自己的观点和看法。

在美国做生意，盛田昭夫认识到许多新东西。在美国，常常不能相信任何人，因为今天是你的伙伴，明天可能就是你的竞争对手。政府也不相信企业，家人之间也不能相信，一切都可以在法庭公开披露。

4. 资源共享

早期的索尼有一个分组体系，每个体系中的专业组，例如电视、录像、音响等，都有自己的管理方式，负责人在管理范围内承担责任，拥有一定的决策权。如果有人提出新发明、新工艺或者好点子，他有权将其呈报给最高管理者。如果管理人员懂技术，就会让他去执行。万一高层管理者不同意，通常会给出几种选择，而不是简单的否决。

当一个建议或者设想在索尼公司体系中通过后，提出者还要负责向技术、设计、生产和市场部门的人员推介，请大家研究和论证它的前景，看它到底只是一个内部工序的产物还是一个最终可以进入市场的新产品。在这种做法中，家族精神继续发扬，每个小组成员都会感到他们不仅仅是小组的一部分，也是企业家，他们在向整个大家庭的未来做出创造性的贡献。

随着公司越来越大，盛田昭夫发现大公司与小公司有很大差别。公司规模不断扩大，管理上的问题也变得越来越复杂。作为一个优秀的管理者，既要在宏观上掌握全局，还要懂得技术，搞清楚什么情况下应该停止，什么情况下应该继续，不断调整前进的方向，这是管理者成功的关键。

无论什么样的先进技术或者开发项目，如果将来在商业上没有可行性，必须停止研发，否则会减少利润，企业毕竟不是研究所，商场和战场一样，搞不好就会全军覆没。

在一次部门领导会议上，有人问盛田昭夫，为什么最近在索尼的广告中没有看到那句口号，"研究造成了与众不同"。对此，盛田昭夫要和大家认真谈一谈：如果总是说"研究造成了与众不同"，大家可能会认为只要搞好研究，就能够保持公司的繁荣，其实并非如此。比如法国，他也是一个相信"研究造成与众不同"的国家，所以他们有很多独特的东西。比如，卡拉维拉喷气式客机，它的发动机设计在飞机尾部，这是一种新的设计结构，很多飞机制造商纷纷仿造。最终的结果是法国人没有赚到钱。因为后来者对原设计进行了改进，从而超过了法国人。

还有雪铁龙公司，他们制造了液压防震悬挂式汽车，这的确是一种新概念，并且具有独特的风格。但是他们遇到了其他问题，无法在市场上大量推出这种汽车。

再比如，在二战快要结束时，德国人已经制造出喷气式发动机，但还没来得及进一步开发它的用途，就被打败了。

英国人也建造了第一架喷气式客机，名叫"彗星"，但在发动机和机架方面的改造上，被美国人赶超过去，使英国失去了领先地位。

通过这些事实的分析，盛田昭夫认为，如果仅仅满足于与众不同，那是不明智的。还必须在新的研制成果上做出新的生意，不断更新产品，弥补缺陷，才能在市场上保持领先。要想做到这一点，设计研究部门与商务、经销和市场部门之间相互沟通非常重要。

任何公司都面临新的挑战，就是对于新技术、新产品的开发、制造和销售方面的管理要到位。这需要大量的新点子、新思维，还需要把所有的技术汇集在一起，系统化地进行合作，把人力资源和新技术开发资源有机地相结合，而不是各自孤立起来。盛田昭夫意识到应从分离的部门建立一个完整的系统。

为了做到这一点，索尼公司每个月召开一次研究设计报告会，出席会议的是公司最高管理人员和各部门的领导人。每次会议都有一些报告，介绍重要领域的最新研究动态。项目小组负责人要向大家汇报项目主题、预算、开销、计划时间表、实际进展情况等等，必要时也要展示样品。

盛田昭夫还发现，公司里进行了许多重复的开发和研究，因为技术上的保密，各部门之间并不知道。针对这些问题，部门之间的交流更显得非常必要。于是索尼每个月还举行一次技术座谈会，由部门领导人、研究工作者、研究设计的协调部门，还有财务部门参加。

另外，索尼每年举行一次内部技术交易会，各个部门和项目组设置自己的摊位，就像贸易展销会一样，研发人员在现场回答问题，交换信息。该交易会只允许索尼公司的人进入会场，对外严格控制。

虽然无法估算这种交流会节省了多少研发经费，但盛田昭夫采用的管理方法，使索尼公司上上下下学会了密切关注产品的研发和设计，有效地利用资金和各种资源。

尽管实行了这种严加控制的筛选做法，但盛田昭夫仍然没有忘记，始终以超前的目光盯着未来的发展。例如，把新型材料用于录像磁头方面的研发，就属于超前的基础研究，当时的冶金专家开始研究时，并没有考虑到用于什么样的录像机，只是觉得将来会用得到，而事实的确如此，在新型录像磁头研发成功时，正是大派用场的时候。

信息对技术开发来说，具有不可估量的价值。盛田昭夫很早就意识到这一点。他还希望早日看到世界上能够通用一个数据库，可以查到所有专利信息。这会给世界各地的公司带来巨大好处，世界上任何地方的任何人，只要对某一种专利感兴趣，就可以按照需求进行扫描和查寻。从现在的角度看来，盛田昭夫非常有远见，他的想法已成为今天的现实。

创新是索尼的生命，盛田昭夫一直引以为豪。几年以前，在横滨一家实验室召开了一次例行的国际科学会议，参加者是各企业公司的代表。会上，来自英国的技术人员提出了数字化录像的想法。六个月以后，在下一次会议上，索尼工程师就拿出了样机。外国同事们感到十分惊讶。一位英国职员说："对这个想法，我们以为可能会等到十年以后才动手，这样的事在英国不可能发生。"

1985年，在一个科学博览会上，盛田昭夫看到一棵参展的番茄树，上面结了两万多个番茄。这棵树是一粒种子在一个人造系统中长大的，系统内没有土壤，只有水和少量的营养液，它们在系统中不断循环。这个系统如此奇妙，是全新的概念。通过这件事，盛田昭夫更加坚信，只要开动脑筋用心去做，什么奇迹都可以创造出来。

随着人类社会的发展，技术创新变得越来越难，可利用的资源也越来越少。很多人主张应该选择节俭的生活，少一些奢侈和豪华，可盛田昭夫相信可以采用更少的能量、更少的老式材料、更少的资源，甚至可以利用废物再生，继续享受生活，比以往拥有更多的幸福和高质量的生活用品。

盛田昭夫还经常阐述他的观点：一个公司的高层管理者，应该把目光推向未来10年，或20年的市场，预测出那时的消费者需要什么，什么技术是有用的，研究方向应该在哪里。由此可以看出，一个世界性大企业家的胸怀和抱负，他的这些思想充满了人类的智慧，值得后人回味和借鉴。

第六章　经营中的金钥匙

1. 管理出效益

公司刚开张时，只有井深大和盛田昭夫两名管理者。那时，他们没有什么管理经验，甚至不懂得如何管理。井深大提议说："让我们来做一台录音机吧。"那时候并不知道磁带是什么材料做的，也不知道具体的技术。只是打算制造特殊的、有创意的产品。只要有问题，就与全体员工一起自由讨论，直到找到解决问题的方法。大家喜欢这种家庭式的氛围，态度非常积极，感情也十分融洽，并且也是有效的。

但是随着公司的成长，在实践中渐渐懂得了必须更加深入涉足这个领域，制造有创意的新产品，并且是独一无二的，否则将没有后劲。公司壮大以后，井深大负责技术，盛田昭夫负责全面管理。

多年的管理实践，使盛田总结出许多经验。尽管很多人批评索尼是家族式企业，但他们的管理不是老式的命令式，而具有现代的管理理念。他认为，如果把所有需要动脑筋的事都留给管理人员去做，那么一个公司就无法获得成功，而基层员工不仅仅是动手操作和简单的执行。

盛田昭夫经常告诫员工，"不要等上面的指令，要自觉地向前走。"还说"年轻人有灵活性和创造性，部门经理们不要随便把想法强加给他们，因为强制的结果，创新性思维有可能遭到抑制和破坏。"

索尼坚持做到让全体员工都发挥出自己的智慧，号召和鼓励大家给公司提出合理化建议。索尼的员工平均每年提出八条建议，这些建议大部分与减轻劳动强度或者提高工作效率有关。只要建议合理而适用，公司马上采纳，并且给予奖励。

索尼每年招收新的大学毕业生，一进公司，就会让他们在工厂车间工作一个月，了解和体验一线的情况。对工程技术人员，也要求他们参加销售工作，体验商战前线激烈的竞争氛围。索尼公司这种做法，增加了各部门成员之间的沟通和理解，也提升了索尼适应市场竞争的整体实力。

盛田昭夫认为高层管理者的主要任务，应该是专心致志地规划公司的未来，并且组织实施。基于这一点，就不能把责任分得过于精细，应该教育每个员工都像家里人一样，密切合作。做错事情的时候，重要的不是追究错误的责任人，而是找到错误的原因，如何解决不要再犯同样的错误。

盛田昭夫承认，他和井深大也犯过决策上的错误，比如，过早退出计算器行业的决策，就是一个错误，它减缓了索尼在数字技术上的发展。

但错误是难免的，每件事的利弊都是相伴而行，并不需要为每一个错误承担责任。如果一个人因为犯了错就被打上标记，他在今后的工作中就会失去主动性和积极性，也许会使公司受到更大的损失。而找出错误的原因才是最重要的，并且将这个原因公布于众。这样做的结果，使犯错的人永远都会记住这个教训，同时，也有警示他人的作用。如果大家都能引以为戒，就会成为有价值的教训，而不是损失。

多年来，盛田昭夫没有因为工作过失的原因而开除职工。他常说："要向前看，去做你认为正确的事。犯了错误不可怕，只要记住教训，不要再犯同样的错误。"

当然这种做法也和日本的实际情况有关。二战结束后，新的自由劳动法生效，这个法律规定企业不能开除雇员。当时，很多老板都担心这个法律会毁掉企业，但通过一段时间的努力，情况好转起来，日本很多企业采取了促进家庭概念的办法，化解劳资双方的矛盾。在管理方式上也发生了改变。

企业经营者雇人的时候要承担风险和责任，他要继续负责这些人的就业问题。雇员不承担风险和责任，所以出现不景气时，企业不能解雇员工。因此，企业在兴旺的时候对增加员工的事也非常谨慎，而经营过程中，总是教育员工要与公司同甘苦共患难。

公司状况不好时，企业会减少雇员的工资或者奖金，经理们可以调换工作，调离原岗后，不再享受经济补偿，公司遇到麻烦时，高层经理比下级职员先扣工资。

在索尼的管理中，上上下下是平等的，经理们不能认为自己是上帝挑选出来的人物可以领导愚民创造奇迹。商业动作模式有自身的特点，无论哪个专业人士，大家都一样，只有受过长期的艰苦训练，才能胜任角色。因此要注重团队精神，不能自命不凡。

管理是一种模糊性的工作，或者说是一个捉摸不定的行业。盛田昭夫还说过，一个管理者可以连年犯错误，而无人知晓，即使在失败前夕，经理们还是可以泰然自若，但是却因为管理者没有远见，而毁了公司的未来。

盛田昭夫在衡量和选拔经理时还有一条标准，要看他能否组织好大量的员工，充分发挥每个人的作用，能否协调一个集体相互合作。他经常对经理们说："不要向雇员表示你是一个艺术家，可以独自一人在高高的钢丝上演出精彩的节目。要向他们表明，你怎样吸引大家真心诚意跟你走，全力为公司做贡献。"

当然，索尼的管理风格是不一样的，因为它是一个跨国公司。比如1972任索尼美国公司的总裁哈维·谢恩，他的方法是美国式的，与日本的管理方法完全不同，是建立在实际、直率和清晰的逻辑基础之上，他不相信老式家庭公司的管理方式。

经过多次商谈，盛田昭夫同意他对公司进行改革，彻头彻尾地美国化，变更领导班子，建立新的预算体系，对每一个项目从财务上严加控制，只要是与利润有关，他对每件事都要考虑开销。他在管理控制上作得非常出色。

1975年，索尼准备推出Betamax录像系列时，盛田昭夫设想了一个巨大的广告攻势和促销运动，打算不惜成本，在美国大力宣传，首次登场的家用盒带录像机，是个全新的概念，应该让人们知道，在日常生活中使用这个产品，可以成为一份资产，而不仅仅是个娱乐工具。

但是哈维不同意花太多的钱进行促销，他担心如果没有打开销路，损失将无法弥补。盛田昭夫一再和他讨论，希望哈维把目光放远，五年甚至十年之后，再得到相应的回报，不要只看眼前利益。但哈维还是不能认同。

临近上市时，盛田昭夫还是不放心。他希望这个新产品亮相的时候，以全新的促销方式出现，一下子抓住美国人的心，让消费者有一种改变他们生活的感觉。他翻来覆去睡不着，立即爬起来给哈维打电话，询问Betamax的促销情况进展如何。

当时哈维正在开会，无法详细汇报情况。盛田昭夫就大声对哈维吼道："如果你在下个月内没有花掉一百万美元的话，我就开除你！"哈维从来没听他这么大喊大叫过，感到十分吃惊。

事实上，哈维用掉了那笔钱，Betamax也顺利推出了。但是后来盛田昭夫发现，为了宣传这款新产品，减少了其他产品的广告费，总的广告支出并没有改变。也许这并不是一个合算的做法。

哈维的营运管理方式，总是以利润为主。盛田昭夫不赞成这种注重短期利益的做法，而他更看重长远利益。比如对研究、开发和服务进行投资，盛田昭夫计划在堪萨斯开办一个大型服务中心，建立完整的服务网络。而哈维等人却不赞成，盛田昭夫与他们展开了争论，他认为在服务和研发上不能图省钱，尽管可以获取短期利润，但如果不再投入，企业将会停滞不前。

管理上的问题是多方面的，也很复杂。比如，电子领域里的竞争异常激烈，新技术、新产品总是层出不穷，但是创新产品，却常常不受销售组织的欢迎。开拓新产品市场，不仅公司需要花费大量的成本，销售组织也必须做大量的工作，像人员培训、广告宣传、引导消费者等等。投入是昂贵的，代价也是巨大的，而且，获得回报还有一定的滞后性。因此，解决这个问题也非常困难。

很多销售经理和销售人员只想马上赚到钱，而不想为将来投入更多。这种只重眼前利益的思想，会使企业丧失竞争力。盛田昭夫积极主张开拓市场之前，必须在顾客中做好基本的宣传工作，对创新商品进行教育性引导消费的工作。

盛田昭夫的思维虽然有些超前，但他对家用录像机系列新产品的定位是正确的，促销理念也得当，经住了时间的考验，日后成为消费者喜欢的产品。

1985年12月，盛田昭夫受到邀请，到巴黎大西洋学院发表了演讲，他强调，"工业界关键的因素就是创造力，这种创造力分为三种类型，分别是技术创新、产品创新和市场创新能力。要想在商界立于不败之地，三者缺一不可。实际上，这三种创造力都可以归结为科学管理的问题。

盛田昭夫还认为，企业的这种创新能力需要外部环境，但日本的环境并不是很好。而做得最好的是美国，在美国的大学里，他们与企业交换人才与研究资源是很普通的事。而日本，企业与大学之间的合作非常困难。

1984年，日本新产品的设计与研究费用中，企业承担77.7%，政府只承担了22.3%。并且，在新产品研发过程中，政府起到的作用不是积极的，反而滥用条条框框，横加干涉，对改革和发展设置重重障碍。

作为一个企业家，对于大环境无法起到决定的作用，只得更加努力做好企业内部的事。

索尼公司一直执着地追求产品的高质量原则，其实道理很简单，产品的质量越好，售后服务遇到的麻烦就越少，消费者会越来越认可，扩大市场潜力。这种管理方法，也就是那种管理的最高境界——不要管理的管理。

当听说索尼的盒带录音机登上月球时，索尼人感到非常自豪和骄傲。阿波罗11号宇宙飞船在月球上用索尼的录音机向地球播放音乐，这一举动，无疑再次证明索尼产品的高质量，盛田昭夫知道这个消息后，也很兴奋，他幽默地对工程师们说，索尼对盒带录音机的设计太过分了："它不需要在无重力的条件下工作，只要在地球上任何地方都能使用就行了。"

如何调动人的积极性和创造力，盛田昭夫的解决办法是树立一个目标。给工程师或者科学家指定一个明确的目标，为了达到这个目标，很多人都变得具有创造性了。管理者要带领大家制定目标，并追求和实现目标，鼓励大家再去超越它。如果没有目标，即使公司或者组织给他一大笔钱，仅要求他完成一项发明，这也是没有希望的，很难办到。

当美国人生产出庞大的录像机时，盛田昭夫和井深大就想到人们在家里也应该有这种机器。电台里用的大电视机很累赘也很贵，索尼的目标是把这种机器带入家庭。这些就是一个个具体的目标。

盛田昭夫认为，一个实业公司的管理者，必须不断地向研发人员提出新的目标，共同实现那个目标。如果目标错了，巨额的研究设计投入就会白白浪费，所以管理者首先要懂得自己的行业，并且在关键时刻能够做出正确决策，如果不能从技术角度来判断产品是否可行，对于一个管理者而言很难称职。同样，一个纯科学家也不适合做掌舵人。

通过实践，盛田还得出结论，无论是设计、技术、商务或者促销搞得不好，失败常常是管理上的失败。外行领导内行本身就带有一种盲目性，无法保证能够洞察到问题的本质。比如，德克萨斯仪器公司当年与索尼同时开发了晶体管技术，也搞了同样的产品。后来又发明了集成电路，还支持雷根西公司搞出了晶体管收音机，比索尼领先几个月推向市场。但雷根西的收音机质量有问题，没有在市场上站住脚，他们觉得没有前途，就过早退出。而索尼正好相反，看好晶体管收音机的市场潜力，以优良的质量为目标，最终取得了胜利。

从上面的例子可以看出，一个好的技术和发明，又开发出合适的产品，但只有这些还不够，必须将它推向市场。即技术、产品和市场三方面创造性结合在一起，才能给公众带来享受新技术开发新产品的利益。这个过程是一个整体，管理者在其中发挥着重要作用，无可替代。

2. 以人为本

井深大与盛田昭夫是极好的搭档，井深大性格内向，但在技术领域具有天才和创意，或者说具有一种洞察未来、料事如神的能力，这使得周围的人都深为折服，他的领导才能像磁石一样，把大家凝聚在一起，愿意与他一起合作与创新，一起实现梦想。

而盛田昭夫热情外向的性格，善于与人打交道，善于抓住时机，迅速打开局面，具有拓展市场的能力，特别是索尼在国际化道路上表现出极强的公关能力。

井深大与盛田昭夫都善于与人合作，还能够调动一切积极因素，把人的潜能发挥到极致。

盛田昭夫曾经这样评价索尼人："开拓者的道路充满了困难，尽管经受了千辛万苦，索尼人总是紧密地团结在一起，因为他们热衷于参加创造性的工作，并为这个目的贡献了自己特殊的才能，所以他们感到骄傲。索尼公司还有一个原则，那就是尊重和鼓励个人的能力，人尽其才。从一个人身上找出他的长处，信任他，而且让他充分发挥作用，这就是索尼公司重要的力量。"

从这段话可以看出盛田的以人为本的思想。而这思想也是索尼获得成功的关键性因素。在公司内部创造出家庭式的和谐气氛，同甘苦共患难，共同承当。这种管理模式在日本很常见，但只有索尼才把它发挥到极致。

盛田昭夫认为，没有一种理论、计划或者政府的政策可以使一个公司获得成功，只有靠人，才能做到这一点。对于一个日本的经营者来说，最重要的任务是协调好与雇员之间的关系，在公司中创造一种家庭成员的感觉，这是一种雇员和经营者平等的关系。

这一点与美国完全不同，美国人把这种关系称为劳动者、管理者、股东之间的关系。

盛田昭夫一直坚持这种简单的管理系统，认为它适用于世界上任何地方。他说，强调人的因素必须是真诚的，而且有时还需要胆识，甚至也有风险。但是从长远的观点来看，无论任何人，无论多么了不起，一个人的力量总是有限，公司前途掌握在员工手中，或者说，掌握在年轻员工手中，因为未来是他们的。

每年新来的大学毕业生入职时，索尼公司都会把新人召集到东京的总部来，举行一个介绍仪式。盛田昭夫都会发表讲话，态度真诚而中肯："首先，你们应该了解学校与公司是不同的。你们上学时要交学费，但现在是公司为你们交学费，你们在公司学习做事。因此，你要知道，刚开始来的时候，你只是公司的一个负担。"

"在学校里如果你考试考得好，会得一百分；如果你交了白卷，就是零分。在商业世界里，你每天都会遇到考试，如果你成功，不是一百分，而是一千分；如果在生意场上犯下一个错误，你不是零分，而是得负分，并且可以负到没有边际，给公司带来极大危害。"

盛田昭夫还对新来的雇员这样说："我们不是招募士兵，这里并不是军队，所以说你们是自愿选择了索尼，这是你们的责任。一般地说，既然参加了这个公司，我们就希望你们在这里至少干二十到三十年。"

"没有人能活两辈子，以后的二十或三十年是你一生中最辉煌的时期，但你能拥有一次。三十年后当你离开公司或者生命结束的时候，我不希望你会因为在这里度过的时光而感到后悔。如果那样，就是一个悲剧。你自己要对自己负责，当然我不想过分地强调这一点。所以我要讲，今后的几个月对你们来说至关重要，因为你将要决定在这里是否感到幸福。虽然我们雇用了你，但是作为管理者或者第三方是不能使个人感到幸福的，幸福必须由你自己创造。"

这些充满激情的演讲，率直而真诚，深入人心，充分表达出一个管理者的思想深度和索尼的企业文化。

盛田昭夫对投资者和雇员有自己独到的看法，他认为，一个企业家开创和管理一个公司，雇用员工来实现他的理想，这是一个不可分割的整体。必须把员工看作同事或助手，而不是赚取利润的工具。

投资者的目的是赚取利润，有时去留是不定的，而员工则不同，常常在公司工作一辈子，他的工作结果影响公司的前途和命运。因此投资者与雇员相比，有时雇员更加重要。管理者必须考虑如何给投资者回报，如何给雇员报酬。

盛田昭夫发现日本的一些公司普遍存在一个问题，管理者就像上帝一样，给人下达命令，不管你喜欢不喜欢这个岗位，硬塞到一个地方，就得服从。这种现象已经被大家接受，没人觉得有什么奇怪。但盛田昭夫认为这样做，无法把人的潜能发挥出来。索尼是一个创新性的企业，如果没有一个良好的企业文化氛围，无法激发员工的工作热情。

他不仅这样想，也这样做。只要有时间，就尽可能去熟悉下属员工，深入公司的每个部门，尽量结识每一个人。随着公司越来越大，要做到这一点，变得非常困难，已经不可能去逐一认识公司的四万多名职工，但他鼓励所有的经理去认识每一个人，和员工打成一片，了解他们。

盛田昭夫非常珍惜时间，即使几分钟，也要深入到员工中去，了解各方面情况，和大家愉快地交谈几句，他亲切的微笑，使大家倍受鼓舞。

在索尼美国公司成立24周年时，盛田昭夫与妻子特意飞往美国，与美国的全体职工一起庆祝。和纽约的员工一起举行了野餐，与亚拉巴马州多特罕磁带厂以及圣迭哥工厂的职工一起吃饭，在芝加哥和洛杉矶和大家一起跳舞，把大家当成自己的家庭成员，以诚相待。员工们能与最高领导和妻子一起庆祝和聚餐，更是情绪高涨。

盛田昭夫还遵守一个基本原则，那就是相互尊重，团结协作，上下达成共识。公司是员工们的财产，而不是少数几个高层领导的，应该是个和谐的大集体。身处高层领导职位的人有责任领导好这个大家庭，并能够关怀每个成员。

索尼在外国建立工厂时，每逢开张之前，总要把管理人员，包括工程师，带到东京培训一段时间，像家庭成员一样工作在一起，让他们感受索尼的企业文化，所有的人都穿一样的工作服，在只有一个等级的餐厅里用餐。

在索尼，领导人都没有专用办公室，即便工厂的厂长也是如此。提倡管理人员与办公室职员坐在一起，共用办公设施。车间里的领班，每天早晨在工作之前要给大家开一个短会，汇报前一天的工作，下达当天的任务。开会时，还要认真观察每个员工的神态，是否生病了，是否遇到什么问题或烦恼。只要发现问题，就要想办法帮助解决，否则会影响工作。

对于新来的工程师，要求他们先到生产线上去工作，使其真正了解生产工艺，站在生产的角度，全面考虑如何更好地设计和解决技术上的问题。这种获得第一手经验的培训方法，对工程师来说，非常重要，变换了岗位，有利于换位思考。同时，也可以避免长期做一种工作容易产生厌倦情绪。

盛田昭夫经常与员工共进晚餐，和他们促膝长谈。有一天，他发现一个年轻人情绪不好，就主动找他喝酒，想了解其中的情况。这个年轻人告诉他，自己的领导很愚蠢，有悖于索尼的管理精神，使自己感觉到不是为索尼公司工作，而是为他工作。在这个顶头上司手下很不开心，他感到非常失望，但又没有任何办法摆脱这种情绪。

听到这个想法，盛田昭夫意识到公司里类似的情况一定不少。

为了解决这个问题，他办了一份索尼的内部周报，及时登载索尼的一些招聘广告，一些员工可以尝试调换自己的工作，更好地发挥个人的才华和能力。

这个办法很有效，特别受员工欢迎，他们可以通过这个平台，找到更满意的工作。人事部门也发现了一些经理的问题，大家都不喜欢的经理一定存在某种问题。索尼的一个门卫看到招聘广告，就来应聘广告词撰写人，通过考试，他的确有这个能力，换岗后，果然在新工作中表现出色。一个人选择了自己喜欢的工作，就会心情愉快，努力干好。同时，这个做法也能人尽其才。

索尼公司有几千名科学技术人员，为了充分发挥大家的才华，提倡创新精神，索尼推行了一种独特的用人制度。鼓励科技人员根据自己的专长和兴趣爱好申请研究项目，还可以提出申请，在各个部门之间流动。

通过这件事，盛田昭夫发现听取职工意见，就是一个非常好的学习课堂，智慧就在同事当中，真诚地互相交流，总会获益匪浅。

最好的管理办法，就是把合适的人放在合适的位置。在人才的选择和使用上，盛田昭夫也有独到的看法，并且制订了一条制度，一旦雇用了一位员工，他的学历就成为过去，不再用来评价他的工作或者决定他的升迁。针对这个问题，盛田昭夫在1966年还写了一本书《学历无用论》，很受欢迎，在日本卖了两万5千多册。

书中记下了盛田昭夫的实践经验和用人体会，"索尼只是想要找到有实际工作能力的人，而不是那些以名牌学校为资本的人。"

"现行的教育体系，强迫学生花费大量的时间学习如何应付考试，以便进入好学校。这种体系没有给学生留下足够的时间来进行实验，也不利于开发创造性思维。这种体系现在还能应付，但我们正在以全新的方式来提高企业的效率，并且与时代息息相关。世界都在变化，我们经营企业的方式和选拔人才的标准也应该进行调整。"

盛田昭夫要求职工进行创意性的思维，他懂得如何调动员工内在的创造性，在工作中挖掘人的潜能，去挑战各种极限，在创新中成就人生。

这本书问世后，引起轰动。但有意思的是，一些名牌大学毕业生，不愿来索尼工作，认为公司有偏见。后来，索尼公司做了解释，说明实行这一制度的根本原因，是想找到真正有能力的人，而不是以学历定乾坤，只是强调能力比学历更重要而已，这才解除了误解。

另外，一提到管理，人们总会想到积极倡导合作，鼓励互相交流研究成果，坦诚交换思想等等，但有些人一谈到合作或者共识的时候，常常误解，以为要取消个性。但盛田昭夫认为，最好将意见公开地进行争论，如果意见与别人有冲突，他认为那是一件好事，可能会碰撞出更高层次的好办法。一个好的管理者，应该具备一种能力，利用各种人才以及他们的思想。

有一次，盛田昭夫与公司的董事田岛道治发生了争论，为了阐明一个观点，争论非常激烈。田岛曾经担任宫内厅长官，专门负责处理皇室的内部事务。性格平稳，为人正直，是一个传统派头的绅士。争论发生后，盛田昭夫一点也不肯让步，田岛很恼怒，最后他忍无可忍地说："盛田，你和我想法完全不同，我不愿意留在这里，你我在一起无法进行对话。"

盛田昭夫却说："先生，如果你和我对所有的事情都有着同样的想法，那么，就没有必要两个人都留在这个公司里拿工资，只需要一个人就够了。正因为你和我有不同的想法，公司才能少犯错误。"

盛田一点不恼怒，耐心地劝说他"不要生气，请想一想我的观点。如果你因为我的不同意见而辞职，那你就是对公司不忠诚。"

田岛听了他的话，感到十分惊讶，心中的不快也减少了许多，再想想，盛田的话还是很有道理，他没有选择辞职。

索尼公司在管理上一向注重以人为本，但这并不等于劳资双方没有争议。

1961年，索尼公司成立三十五周年时就发生了一起罢工事件。这一年，公司准备举行大型庆典活动。罢工者看准了这个特殊的历史时刻，逼迫公司接受他们的要求。盛田昭夫受命处理此事。这是一个棘手的问题，一边公司要举行庆典，另一边又要化解矛盾，妥善解决好问题。

工会受到左派分子的影响，向索尼挑战，要求在公司只准设立一个工会。工会领导人还威胁说，如果不同意他们的要求，就在周年庆典那天举行罢工。

盛田昭夫面对个难题，他找到许多工人谈话，了解情况。多年来盛田一直与许多工人保持良好的关系，他知道索尼大多数工人是有良知的。工人们反映说，他们也赞成公司有多个工会，这是大家的权益和自由，而具有政治主张的极左分子是少数。

了解了真实情况之后，盛田昭夫心里有了底，代表公司与工会领导进行谈判。他的态度也很强硬，并没有同意工会的主张和要求。当然盛田昭夫也做了许多妥协，希望工会也退一步，不要举行罢工。但几个工会领导不想和解，又提出很多无理要求，盛田昭夫不再让步，因此，没有达成协议。

工会的头头认为盛田昭夫在举行庆典的最后时刻一定会妥协，就在庆典的那天早晨，组织了一些工人，举着谴责索尼公司的标语牌，包围了公司大楼，又封锁了街道。同时，还有许多支持公司的员工，也打出旗帜声明站在公司一边，一些工程师也声援公司，决定成立他们自己的工会。两边的人马加在一起足有上千人，站在楼门前及大街上，声势浩大。

盛田昭夫站在窗前，打出了为庆典准备的旗子。但是井深大等其他领导人，以及邀请的各界人士，包括池田首相在内，没有出现在公司总部，也没有什么庆典仪式。罢工的工会还以为庆典取消了。

其实，前一天晚上，索尼公司许多负责人都守候在公司里，一边与工会谈判，一边给三百多名客人逐一打电话，将第二天的庆典改在王子饭店举行。庆典进行得非常顺利，首相也参加了，井深大代表索尼公司发表了演讲，庆典进行得很顺利。

盛田昭夫从后门出去，在庆典结束之前赶到了现场，一进大厅就赢得了大家热烈的掌声。首相在讲话中还说，索尼公司对待极端分子的态度值得其他公司学习，给予了极大的赞赏。

闹事者在索尼员工中只占少数，是被左派分子利用和诱导了，他们没有得到大多数工人的支持，更没有达到目的，于是就放弃了罢工。盛田昭夫以真诚和智慧妥善地处理了这次罢工事件，他的危机公关能力再次受到大家的认可。

在索尼的劳资关系中，一直提倡平等，蓝领员工与白领员工之间的差别很小。无论谁，如果当上了工会领导，就会引起索尼高层管理者的兴趣，因为这正是管理层需要的人才。寻找具备这种能力的人，在管理上是非常有效率的办法，索尼一直采用这种方法选拔人才。

在索尼公司成立40周年的纪念活动中，记者采访盛田昭夫，问他成功的秘诀是什么？盛田昭夫微笑着回答："其实很简单，就是企业的经营必须以人为本。"

3. 拥抱世界

索尼在海外的公司越来越多，比如索尼海外公司、索尼夏威夷公司、索尼巴拿马公司、索尼英国公司等等。1969年，盛田昭夫应邀成为摩根担保信托公司国际委员会的成员，这家公司是索尼在美国的ADR股份受托人。时代把索尼推向了世界，同时，索尼也加速了自身的国际化进程。

为了提供合适的产品，在欧洲更有竞争力，盛田昭夫派了一个名叫东井的年轻人到欧洲去开发市场。东井发现那里对日本产品的抵制情绪很高，原因是索尼的产品与欧洲的制式不同，欧洲有四种不同的标准。针对这一现象，索尼设计出一种机型，只要一按按钮就可以收到四种标准中的任意一种。在声音上也进行了调整和改进，以适合欧洲人的语音习惯。

在产品外观设计上，日本的与欧洲的风格也不同，到底采用哪种外形，也经过一番讨论。后来，盛田昭夫决定保持日本自己独特的外观，以清晰的线条构成明快的风格。有趣的是，由于索尼产品内在的品质好，这种独具一格的外观反而变得流行起来。

索尼一直想在法国建立自己的分公司，于是，准备撤销与原来代理商的销售协议，但与法国公司之间的事情很难办，谈判漫长而艰难，好不容易才达成协议。但开办公司的申请迟迟得不到法国财政部的批准。

盛田了解到这个法国代理商与财政部长是好友，两人都热衷于打猎，还经常坐着他的私人飞机一起出游。所以，这位财政部长支持代理商也是自然的事。后来，盛田昭夫通过律师出面进行斡旋，法国政府才批准了索尼的申请，但是，只能在法国成立一个各占一半股份的合资公司。

盛田昭夫接受了这个条件，并选择了一家银行——斯维兹银行作为合伙人。后来得到许可，买下了他们的股份，结束了合伙关系。但仍然在董事会里让那家银行保留一名代表。

索尼法国公司终于成立了，并且决定在巴黎开一间展示室，设在香榭丽舍大街上。这条大街甚至比纽约的第五街还要繁华，行人总是那么多，不管什么时候都是摩肩接踵。1971年，巴黎的索尼展示室正式开张。

面对日本商品质量好价格便宜的事实，法国人也想尽办法来实施贸易保护。1983年，法国拖延日本录像机进口，规定日本的录像机在一个小岛入关，并且实行严格的检查之后，才放行，借以减少进口的数量。盛田昭夫还判断，欧洲为了抑制日货，可能会提高关税。事实也正是这样。

但是德国不喜欢法国的这一做法，他们不愿意自己的产品进入法国时也和日本产品一样，通过岛屿入关，也遭遇提高关税的限制，因此在德国的压力下，法国采取了只限制日本产品的作法。

盛田昭夫向日本国会呼吁，希望政府出面干涉，以获得在国际市场中公平的竞争地位。美国和欧洲的国会议员，都同意盛田昭夫的观点，承认他是正确的，但是面对那些因为进口日本产品而失业的选民时，他们只能选择抵制日货的强硬态度。

每个国家的情况都不一样，与在法国的艰难历程相比，索尼在德国建立分公司的过程要好得多。

索尼刚开始在德国销售产品时，也遇到了严峻的挑战，但这不是人为的，而是因为德国的电子工业发展得比较好，有许多名牌，甚至是世界知名品牌。索尼产品在德国的销售一直不好，每一种都不超过1000台，分销商也没有热情。

为了打开局面，盛田昭夫决定在德国设立一个办事处，与分销商共同工作。开发德国市场，立下汗马功劳的一员大将，应该是一个叫三岛康政的年轻人。盛田昭夫慧眼识英雄，加上索尼良好的用人之道，使德国市场的开发过程变得非常神奇。

三岛来索尼公司之前，曾在纽约一家日本贸易公司工作过，他会说英语和一点西班牙语。当时正在索尼的海外公司从事销售工作。

盛田昭夫把三岛召回东京，告诉他只有四周的时间，学习德语和制订驻德办事处的计划。这个任务实在很难，似乎无法办到。但三岛还是买了一本如何在四周内学会讲德语的书，开始了新的工作。时间很紧，刚过三周，盛田昭夫就提前要求他立即动身，飞往德国，还诙谐地对他说，在的飞机上学习第四周的课程吧。

三岛来到分销商所在的城市基尔，并且，把办事处设在分销商的办公室里，这是最节约而便捷的方式，可以利用分销的一些现有条件开展工作。由于基尔的交通条件不太好，过了一段，三岛就把办事处搬到了汉堡。由于他的任务除了开发德国市场，还要照管荷兰和奥地利的业务，汉堡的地理位置好，往来这几个国家方便多了。

三岛非常努力，经常熬夜加班。他还利用业余时间自费上夜校学习德语，语言上也进步很快。三岛特别理解盛田昭夫高品质的市场定位，经过一段时间，三岛的工作有了起色，业务量大增，一个人忙不过来，他向总部提出，要在德国开办索尼自己的公司，以索尼的方式开发市场，仅仅办事处无法满足工作需要。盛田昭夫同意他的建议，让他负责计划这个项目，尽快把方案送回本部。

很快，新的索尼德国公司成立了，只是选址的时候，盛田昭夫颇费了一番心思，他不愿意让索尼公司进入日本人的商圈，希望多跟德国人打交道，以最快的速度来适应和拓展德国市场。日本的其他公司主要集中在杜塞尔多夫，所以盛田昭夫把索尼的德国公司建在科隆。

盛田昭夫总是强调，应该集中时间和精力与东道国的人打交道。到那里去是为了使公司真正做到国际化。

当时，索尼德国公司雇用了17个员工，其中，只有一人知道索尼是怎样的公司，他曾经为索尼产品搞过售后服务。其他人对索尼一无所知，但都是年轻人，热情极高，虽然索尼还无法吸引大学生来工作，但索尼相信，仍然能够找到具有能力的人。

公司刚刚成立的时候，在商店里销售高质量的放大器、接收器、磁带录音机和最新产品——数字式时钟收音机。几个月之后，销售状况越来越好，仅时钟收音机的销售量就超过了三千台。随着索尼名气的扩大，百货公司和大型销售公司开始订货，三岛受到来自东京的压力，让他接受更多的订单，但三岛还是坚持自己的做法，维护索尼公司高质量高档次的形象，否则拒绝订单。

盛田昭夫每三个月去德国看一次，但是只要三岛不问，就不提出任何意见，给他足够的空间，放手让他去做。结果，德国的业绩节节攀升。随着业务量越来越大，索尼在德国的雇员增加到一千多人。索尼在德国的成功，得益于索尼的企业精神和企业文化。

在欧洲市场上，盛田昭夫积累了许多经验。他总是先研究了当地的情况，找到适合自己的营运方法，或者找到一些小的公司，与其合作，借助他们的名气和现有市场，打开局面。由于那些小公司常常无法与欧洲的大制造商竞争，最后，都成了与索尼合作的贸易公司。

索尼产品在世界各地的销售状况越来越好，特别是美国市场，销售系统已经相当完善了，能够及时准确地把握市场行情。但是新的问题又来了，随着销量的增大，运输成本也不断攀升，特别是显像管，体积庞大。而船运费用是按照体积来计算的，这就导致各种产品的成本不够合理，如果在美国建立工厂，这会节约一大笔资金。

盛田昭夫认为，在美国开一家工厂的时机已经成熟。如果事先没有充分了解当地的市场行情就开办工厂，那只是一种错误。而现在，索尼不但在美国市场站稳了脚跟，未来前景还相当可观，并且，也建立了良好的售后服务系统。

盛田昭夫敏锐地感觉到，已经有了充分的把握，在美国建厂对索尼非常有利，应该立即行动。

这时，正是1971年。经过董事会讨论，大家都赞成盛田昭夫的构想，在当地办厂还有一个明显的好处，可以随时根据市场的趋势来调整生产，使设计更加人性化，容易及时满足市场需要。

美国工厂刚开始生产的时候，只是把日本运来的部件组装起来。到后来，只从日本发运关键性的零件，其他的零配件，尽量在当地采购，降低了很多成本。计算下来，使用的美国零件，比一些美国名牌电视机还要多。索尼还发现一个有趣的现象，当时，几乎所有的美国电视机80%采用日本的零件，而索尼却在当地采购，比美国的产品更加美国化。

在英国开拓市场的过程比较顺利，因为政府比较支持。盛田昭夫评价英国首相玛格丽特·撒切尔夫人时，说她很有魅力，劝导外国公司到英国来开展业务。不管什么时候，只要一有机会，甚至在国家元首的会晤中，撒切尔夫人都会向别人推荐自己的国家，她会打听什么时候日产汽车公司或者别的公司会去英国建厂。

索尼在布里津德建厂的过程，也受到了英国皇室的支持。这事要从1970年大阪举办的世界博览会说起。博览会开幕时，英国查尔斯王子来到日本。英国驻日大使为了迎接王子殿下，做了精心准备，他们邀请盛田昭夫将索尼公司的电视机放到英国大使馆中，摆在准备好的套房里。

在使馆举行的招待会上，盛田昭夫被介绍给王子殿下。查尔斯还对索尼提供的电视机表示感谢，然后询问盛田昭夫，是否打算到英国去办厂。当时盛田昭夫告诉他，还没有这样的打算。王子笑着说："也好，如果你决定到英国建厂，不要忘了到我的领地威尔士去。"

后来，盛田昭夫去英国办厂时，考察了很多地方，最后还是选择了威尔士的布里津德。当工厂开张典礼时，盛田昭夫通过英国驻日大使传递信息，请他向查尔斯王子询问，是否愿意接受索尼的邀请，前来出席典礼。让索尼人高兴的是，王子殿下接受了邀请。

为此，索尼英国工厂在大门口树了一块牌子，用来纪念这种荣幸，纪念牌是用英文和威尔士文书写的。

在开张典礼上，盛田昭夫发表了演讲："我们公司一贯遵循国际化方针，这家工厂就是一个代表，索尼的理想，就是通过它独特的技术和国际合作来为世界提供服务，就像在这家工厂里那样，本地的工人、工程师和供货商与我们共同工作，生产出高质量的产品，来满足市场需求。索尼公司希望这家工厂不仅面向英国市场，还可以向欧洲市场供货。"

盛田昭夫还提起1970年大阪博览会时与王子殿下的谈话。查尔斯也和记者谈起对盛田昭夫的特别印象："两年以后，日本董事长脸上神秘的笑容，在南威尔士变成了一座真正的工厂，这让我感到非常吃惊。"

英国王室一直关注着这件事。早在筹备建厂时，伊丽莎白女王正对日本进行访问，在英国大使馆的招待会上，盛田昭夫有幸见到了她。女王询问建厂的事是不是真的。盛田昭夫回答说确有其事，她感到非常高兴。几年以后，当盛田昭夫再次见到了女王陛下时，还向她禀报了建厂的进展。

索尼在英国的产品不仅满足了英国市场的需求，还大量出口，占英国彩色电视机出口量的百分之三十。索尼在英国的出色表现，不但取得了信誉，对英国经济发展也做出了贡献。因此，索尼荣获了英国女王奖。

1981年，索尼扩大了布里津德工厂的生产规模，增加了显像管车间。再次邀请王子殿下参加落成典礼。遗憾的是王子殿下的日程已经排满，但是可以让戴安娜王妃替他来。听到这个消息，工厂上下都感到非常激动。由于参观车间的人都要戴上坚硬的头盔和保护眼镜，为此，还将头盔和眼镜送到伦敦去认可。

戴安娜王妃光彩照人，并且善于与人合作，态度友好而热情。她的来访是一件非常特别而隆重的事情，为此索尼也树了一块纪念牌。

对于英国皇家对索尼公司的关注，盛田昭夫感到非常荣幸。一个政府对商业感兴趣是积极和健康的，有助于国家改善经营环境和就业环境。1982年，英国皇家艺术学会授予盛田昭夫阿尔伯特奖章，并且高度评价了盛田昭夫"在技术以及实业中的创新、管理、工业设计、产业关系、音像系统和增进世界贸易关系等诸多方面做出的贡献"。

可是，盛田昭夫却谦虚地认为，与获得阿尔伯特奖章的一些世界知名科学家相比，自己难副盛名。颁奖那天，还举行了一个招待会，气氛轻松而热烈。盛田昭夫在致辞时，幽默地讲道："索尼的创新，不仅是产品，连Walkman和SONY都是新创造的英语词汇。"大家对盛田昭夫的讲话报以热烈掌声，几位皇家艺术学会的成员手写了一张"高级英语口语荣誉证书"，并把它送给了盛田昭夫。

4. 从家族式企业走向国际化

　　盛田昭夫直觉敏锐，意志坚强，不仅在重大问题上坚持原则，对人的判断也相当准确。挖到大贺典雄就是一个例子，这也为索尼找到一个举足轻重的人物，日后，人们常把井深大、盛田昭夫、大贺典雄称为索尼的三驾马车。

　　1947年，大贺典雄还是一名音乐学院的学生。他第一次和索尼打交道，就提出了非常直率的批评意见。大贺典雄精通音乐，并且对电子产品还有相当深的知识，虽然十分尖刻，但他的意见对新产品开发非常有意义。后来，索尼出资聘请他作为新产品的评论员，第一批晶体管收音机刚刚问世，就给他寄去一台。

　　盛田昭夫希望大贺典雄加盟索尼，但一直没能如愿。大贺痴迷于音乐，大学毕业后，也就是1953年，大贺典雄赴德国深造学习，以首席音乐家的身份毕业于柏林国立艺术大学。回国后，与妻子钢琴家松原绿一起举办了音乐会，随即开始在文艺界崭露头角，他的人生理想之一是成为著名的男中音歌唱家。

　　大贺典雄在德国期间，索尼公司一直与他保持着联系，还请求他写信谈谈那里电子工业的发展。1959年，盛田昭夫邀请他一起去欧洲，寻找晶体管收音机销售代理商。旅途十分愉快，他们一起散步、进餐和锻炼身体，还谈了许多话题，一起探讨未来的人生。

他们之间的谈话非常坦诚，大贺典雄说："你的公司里到处都是工程师。"这不是恭维，而是批评，尽管大贺典雄的声音浑厚而有力，共鸣音很美，但他的批评仍然一针见血，显示大贺一贯的风格，他说："因为这些工程师开创了公司，所以从他们的观点来看，继续由他们管理公司是正确的。而在任何局外人的眼里，公司已经很陈旧，而且管理得并不好。"

盛田昭夫有些吃惊，他一向认为自己很有创新超前的意识，却不知道局外人竟然这样看待公司。盛田昭夫诚恳地对大贺典雄说："那好，你就加入我们的公司，当一个经理怎么样？"大贺典雄婉言谢绝，因为他喜欢艺术家的自由，不想当一个工薪族，整天被束缚在公司里。盛田昭夫对他说，为索尼工作的同时，仍然可以举办音乐会，具体事情可以进行商量。

回到日本后，盛田昭夫和妻子一起去看望大贺典雄的夫人松原绿，她是良子曾经的高中同学。松原绿愉快地接待了他们，夫妻俩说明来意，真诚希望她能够说服大贺加盟索尼。

功夫不负有心人，终于获得大贺典雄同意，从此，他加入了索尼公司，并担任专业产品部门的总经理。一年半以后，开始负责家用录音机的全部营运。五年后，也就是1964年，大贺典雄34岁，已经成为索尼的董事，这在日本是非常罕见的。

1968年3月，索尼与美国哥伦比亚广播公司合资，成立哥伦比亚广播公司·索尼唱片公司（CBS/SONY），各占50%的股份。

大贺典雄被任命为CBS/SONY唱片公司高级总经理，该公司还成功地包装和推出了著名的山口百惠，她的唱片多年来一直畅销不衰。通过大贺典雄的积极努力，这家公司发展为日本最大的唱片公司。

大贺很早就认识到CD光盘的音质潜力，在20世纪70年代，他不顾众人的怀疑和反对，坚持认为CD将取代黑胶唱片。

在研发过程中，他坚持把CD外径设为12厘米，使一张光碟能够刻录75分钟的节目，可以完整录下贝多芬的第九交响曲。后来，这一规格成为CD的制作标准。

大贺典雄的领导才能在开发CD技术的过程中充分体现出来。1982年，索尼再次创造了世界纪录，售出全球第一张CD光盘。传统的唱片，转化为数字化的CD，有了快进、倒转等功能。5年后，CD产品在日本的销量超过黑胶唱片。由此，大贺典雄也成了数字音频时代的先锋人物。

1992年，索尼又开发出MD产品，加上了录音功能，体积精制小巧，可以随身携带，还具有随机选曲等不同功能的各种型号。1999年，再次开发了SACD。这些全新的音频记录格式一再刷新索尼的历史记录，大贺典雄功不可没。

1988年，索尼再次出资获得全部100%的股份，完成了对CBS/SONY合资公司全部股份的并购。成为日本最大的唱片出版商。为索尼公司的世界化和综合化发展做出了贡献。1991年，更名为索尼音乐娱乐公司（SME）。

大贺典雄于1995年被正式任命为公司董事长兼首席执行官，带领公司进行面向数字时代的转变。在大贺典雄的带领下，索尼一次次掀起20世纪娱乐业的时尚风潮。他还推动索尼向游戏业进军，后来诞生的索尼PS游戏机至今备受公众青睐。

索尼董事会主席兼首席执行官霍华德·斯特林格在评价大贺

典雄时说："可以毫不夸张地说，索尼从一家音像制品制造公司发展为今天囊括音乐、电影、游戏等综合性娱乐业的巨头，大贺典雄功不可没。正是由于他当年的坚持，索尼在日本与其他同行竞争取胜，获得了巨大成功"。

管理者就像一个船长，如果指挥错误，可能偏离航道，或者触礁，可能会葬送企业的前途。大贺典雄执政后，对索尼进行了改革。这对企业的发展起到了很大促进作用。

盛田昭夫选择大贺典雄作为接班人，在很大程度上预示着索尼要脱离家族式的管理结构，走向成熟化和国际化。大贺典雄就任社长后，感受到承担的责任非常重大，他曾说过，"副社长和社长的任务竟然是那样不同，这是我没有想到的。"

索尼公司过去的经营方式，可以用"自上而下"来形容，换句话来说，就是以井深大为首的研发部门，在技术上不断创新，不断推出新产品，再由盛田昭夫想办法去开发市场。这种自上而下的模式，随着社会的发展、时代的前进，慢慢显示出很多缺陷，限制了企业的发展。因为随着企业规模扩大、研发经费增高、市场竞争者和跟随者越来越多，开发新产品和占领市场都变得越来越困难，索尼的业绩也一度出现了下滑。

1982至1983年，索尼公司遭到了前所未有的打击，在激烈的市场竞争中连连败退，营业额大幅度下降，企业的发展，再次受到严峻考验。当时的市场环境也很不景气，索尼遇到的麻烦一个接着一个。这时正是大贺典雄出任社长的时期。

大贺典雄意识到，他要改革索尼的传统经营模式，从自上而下，变成自下而上，也就是说，从市场需求出发，把准消费者的脉搏，不能单纯埋头开发新产品，要把研发——经营的模式，变成需求——研发——销售的整体模式来经营。向松下电器学习，实行"事业部制度"，将权力下放，并且将盈亏与资金交给各个事业部部长掌握，权力和责任都下放。

这样的体制改革，使索尼公司渡过了危机。但索尼的家族式色彩还是非常明显，当然家族式企业也有优势，不能全盘否定，比如意见沟通容易，便于统一思想，团结协作能力强等等。虽然大贺典雄与盛田家族没有半点血缘关系，但其独特的创新性思维和强而有力的管理方式，还带有家族管理方式的权威性，虽然得到了盛田昭夫的肯定和赞扬，而实际上又埋下了新的隐患。

大贺典雄的性格强硬，态度咄咄逼人，与日本人的交往方式完全不同，与其合作过的人曾经评价他说："大贺典雄真是一个不得人缘的人，不管是谁都不愿意追随他。"面对这种反对意见，大贺典雄并不退缩，而是坚定而勇敢地面对舆论和市场的挑战。

大贺典雄为索尼做出的贡献，可圈可点，索尼公司在他坚强的领导下，营业额直线攀升，达到了过去4年来的最高点。盛田昭夫看到自己选中的接班人如此有实力，心里非常踏实，对索尼公司的未来充满希望。

在大贺典雄被推举为社长之前，索尼公司很多人并不看好他，而是拥护盛田昭夫的小弟弟盛田正明当社长。盛田正明大学毕业后，一直在索尼工作，他以良好的工作业绩和诚恳踏实的品格赢得了大家的拥戴，并且，他也有承担社长的魄力和能力。但是盛田昭夫还是选择了大贺典雄。

其中主要的原因，还是希望索尼走出家族式企业的管理经营模式。一个世界性的大企业，这一点很重要，盛田昭夫不能不考虑。家族性企业管理模式向现代化管理模式转化，这是早晚的事，对索尼来说，也是一关，如果让自己的弟弟来接班，对索尼公司国际化战略肯定是不利的。从家族式管理到职业经理人管理模式的转化，这是索尼必然要走的道路，他把目光放得更远。

1982年，大贺典雄出任社长以后，盛田昭夫有意逐步淡出运营第一线，希望在自己的任期内，平稳过渡。盛田昭夫是个有哲学头脑的商业领袖，他知道该怎样给选定的接班人授权，营造一个宽松的执政氛围。

盛田昭夫的本意是想淡化家族式经营模式，但实际上却恰恰相反，大贺出任索尼总裁后，渐渐演变成索尼的一个暴君。虽然对盛田昭夫的服从是他的天职，但他对另外一些人则表现出极大的权威，使许多人畏惧。可他又没能像盛田昭夫一样事事亲临，导致了管理上的缺失。比如，对哥伦比亚公司并购和运营的整个过程中，大贺典雄在管理上的失控，具有不可推卸的责任。

5. 并购美国企业如坐过山车

上世纪80年代末期，日本经济形势一片大好，大有追上美国之势。索尼公司也进入新的发展阶段。在日经指数3万多点时，美国媒体惊呼"日本占领美国"的梦幻时刻到了。1989年，盛田昭夫做出决定，高价收购美国哥伦比亚电影公司，大贺典雄坚决执行了这个决议。

虽然这一收购几乎毁掉索尼，但盛田昭夫坚定不移。声称即使死，也要做这件事。当时，索尼的这一举动，在美国引起轰动，被媒体称为是"另一次珍珠港事件"。

盛田昭夫认为，美国人生性爱玩，也会玩，苹果、迪士尼、好莱坞都是娱乐业的大企业，在美国属于具有核心竞争力的产业，并且它本身的价值远远超过娱乐产业本身，索尼看好这个领域。

早在日本刚刚开放国内市场的时候，CBS就迫不及待地希望进入日本市场，在经过几番考查后，决定与索尼公司合作，开拓日本市场。合资公司经历了两年的亏损后，适逢山口百惠等超级明星的歌曲走红，进入了高速增长期，10年后，超过其他同类公司，营业额和利润均创业界首位。

但在十几年的合作经营过程中，双方在管理理念与管理风格上明显不同，为利润目标和未来发展等问题经常发生冲突和摩擦，索尼公司习惯于从长远战略来经营和管理公司，对短期利润并不十分重视，而CBS坚持美国式的经营理念，对短期利润的要求明显高于索尼公司。

盛田昭夫深有感触地说："索尼和美国人搞了各式各样的合资企业，我们想以长远的目光认真办好企业，在设备上增加投资，力图使公司尽快健全起来，但美国公司常常持反对意见，他们希望尽早获得回报。索尼要考虑10年以后的事情，美国同伙却只考虑10分钟……"。

盛田昭夫认为合作双方的冲突妨碍了公司的快速发展，为了彻底解决双方的各种冲突，索尼公司在1988年决定以20亿美元的高价进行收购，把合作伙伴CBS唱片公司收为己有，成为独资企业。改名为索尼音响演艺公司，1991年更名索尼音乐娱乐公司。

吞并了世界一流的唱片公司之后，经营业绩高速增长，这极大地增强了盛田昭夫的信心。于是索尼公司又开始策划一个更大的收购计划，并购美国哥伦比亚电影公司。

索尼公司一直以生产视听硬件闻名，这回，他们希望进入影视软件领域，通过收购，扩大企业规模和经营领域，打造一个包括硬件和软件的完整产业链。

在制订该战略后，索尼公司开始在美国四处寻找收购目标。公司最初想收购米高梅联美公司，在经过几次谈判后，没有达成协议而放弃。正在这时，美国哥伦比亚电影公司进入了索尼的视线。

哥伦比亚电影公司的大股东是可口可乐公司，持有公司49%的股权。当时，该公司由于拍不出好影片，连续几年一直亏损，公司频繁更换高层管理人员，还是无法扭转局面。为此，可口可乐公司打算扔掉这个烫手山芋，有意出让哥伦比亚电影公司的股权。

当时，可口可乐公司的总裁是格杰特，也是盛田昭夫的老朋友，他认为把哥伦比亚电影公司的股权卖给索尼公司是最好的安排。

盛田昭夫认为，索尼未来的生存根基是视听娱乐，因此他下定决心，不计成本，全力进军好莱坞。无论好莱坞的知识产权、民众情感的认同、创造性娱乐产业发源地、信息产业的软件资源等等，都是极具战略意义的。

经过几轮谈判后，可口可乐公司于1989年9月，正式与索尼公司签订了股权转让协议。索尼以高达48亿美元的价格，获得了哥伦比亚电影公司的控股权。其中包括收购金额为34亿美元、哥伦比亚电影公司原有债务12亿美元。

　　当时索尼公司批准收购哥伦比亚公司的那个董事会有30位董事，但清一色是索尼公司雇员，26位上层董事是在索尼公司的行政人员。这样的董事会等于盛田昭夫一个人说了算，情绪化的力量超越了理性判断，影响了最终的决策，几乎没人提反对意见。

　　这场企业并购，是20世纪一个备受质疑的并购，成为世界商业史上一个著名的跨文化经营案例，也给后人留下了宝贵的经验和教训。

　　一种超越经济的政治、文化、社会背景，始终笼罩着并购。1985年至1990年期间，日元对美元汇率前所未有地攀升，使日本人的购买狂潮席卷了美国各个领域。特别是1987年10月份的股灾，极大地刺激了日本企业进军美国的步伐。

　　如果说当年的珍珠港事件是军事侵略，给美国人留下了无尽的伤痛和复仇心理，那么，这次收购则使美国人在历史与现实的对接中，再现了类似的心理反应，甚至有人说，日本对美国的威胁比苏联的军事力量更可怕；还有人说，日本虽然战败了，但他们现在要用金钱买走美国，掠夺美国的财富。

　　好莱坞是美国人心中的圣地，收购哥伦比亚电影公司就等于对它染指，就等于站到美国的对立面。索尼这一行动，激起了人们的反日情绪。《新闻周刊》在并购成交的那一周，设计了一个情绪化的封面，给代表哥伦比亚标记的雕塑穿上了日本和服，变成了日本艺妓的模样，还用头号标题上写道："日本人入侵好莱坞！"

　　美国公众的反日情绪，还引发了若干诉讼，而索尼不想站在对立面上，一味花钱了事。面对这种意料之外的情形，盛田昭夫非常重视，也很焦急，亲自赴美，频频在媒体露面。为了平息美国人敌对的情绪，索尼还专门做出保证，电影公司将完全作为一个美国公司来运作，其含义就是聘请美国人经营，并且享有充分的自主权进行运营和管理。

这种强烈的制约作用，使得索尼不得不一味迁就不称职的美国管理团队，他们享受着高薪，可没有拿出绩效。只是一味花高价购买了许多剧本，却没有排出一部电影，巨额投资都化成了泡影，亏损额超过了收购之前。美国管理团队巧妙地利用了来自媒体的威慑，使索尼吃尽了苦头。

有人评价说，索尼收购哥伦比亚电影公司的举动是一流的战略，末流的战术。一个富有远见的直觉引出一个惊人的构想，但在执行力和具体运作方面发生了问题，并没有设想得那样完美。虽然轰动一时，但结果不尽如人意。

对这个制片厂的并购，其实是一件非常复杂的事，从谈判到战略接轨，从组织结构调整到裁减人员，从资本运作到盈亏控制等等，需要一个高素质的工作团队，既能面对挑战，又要开创新的局面，可谓是脱胎换骨的过程。但这一切，都没有进入索尼公司的并购流程，只是简单地把公司委托给美国人管理团队，任其按美国的方式行事。

他们组建的管理团队，主要有三个人，一个是索尼美国的总裁米基·舒尔霍夫，另一个是盛田的老朋友、并购的财务顾问彼得·彼得森，还有一个就是未来的哥伦比亚公司总裁彼得·古伯。他们联手误导了盛田昭夫和大贺典雄的判断与决策，使公司一度失控，没有按照索尼的精神改造和经营公司。加上大贺典雄身体的关系，没有像盛田昭夫那样亲自亲临美国，常常是电话遥控。

在并购中，最大的受惠者是彼得·古伯，他看透了盛田昭夫在购买哥伦比亚公司时，情绪化意愿很强，不是出于理智抉择，他并且利用了这种情绪化力量，成功当上了索尼哥伦比亚公司的总裁，并且漫天要价，扩大自己的利益。

古伯还千方百计迎合盛田的虚荣心。在一艘巨大的海盗船甲板上，为盛田昭夫和妻子安排了一顿周末私人午宴，还邀请了斯皮尔伯格、达斯汀·霍夫曼、罗宾·威廉斯和朱丽娅·罗伯茨作陪。盛田拍下了数码照片，还用索尼的最新设备录了像。那一刻，盛田昭夫踌躇满志，全然不顾巨额的亏空，还有那些潜在的危机。

随后，这种危机马上就出现了，这个时候，正是日本泡沫经济的顶峰，而泡沫的崩溃自然给索尼带来巨大影响。就哥伦比亚的股票价格来算，年初时12美元，并购时则为21美元。

同时，索尼还遭受了一个技术竞争上的打击。索尼的家用录像机与其他厂家的产品不兼容，而其他厂家均抛弃索尼的规格标准，而采用松下标准，因此，索尼在这场竞争中败下阵来。真是福不双至，祸不单行。

1994年，1美元可以兑换100日元，但到了1995年，1美元就只能兑换70日元了。这个时期，被称为日元升值破产期，索尼的危机四伏。

1994年11月17日索尼在季度财务报告中宣布，在哥伦比亚电影公司的投资资产账面上，减少了27亿美元。这个数字在日本历史上，是所有公司公布的亏损额之最。为了偿还巨额债务，索尼不得不改变自己。

就在这个困境之中，索尼找到一个新的机遇，他们与荷兰飞利浦合作，研发出CD光盘，取代了老式唱片，虽然一开始音乐经销商并不看好CD光盘，但索尼率先在自己的音乐公司推广CD，再加上电脑的普及，几乎是一夜之间，CD就取代了老式唱片。

直到这时，硬件与软件并行开发的战略思想方显示出威力，使索尼绝地逢生。高额的利润，对于偿还巨额债务立下汗马功劳。这之后，继续与飞利浦合作，研发出DCD产品。也取得了成功。

直到1995年，大贺典雄出任索尼董事长，出井伸之任社长之后，重新架构索尼美国哥伦比亚公司，才使公司的业务状况持平，有了一些起色。

从1946年创立，到1995年出井伸之就任社长，索尼前50年时间里，虽有5任社长，但是井深大和盛田昭夫一直是公司的实际领导者，公司处在创始人管理阶段。

1946年，前田多门任社长；井深大任常务理事；盛田昭夫任董事。

1950年，井深大任社长；盛田昭夫任高级总经理和代理董事。

1971年，井深大任董事长；盛田昭夫任社长。

1976年，井深大任荣誉董事长；盛田昭夫任董事长；岩间和夫任社长。1976年6月，导入CEO制度。

1982年，盛田昭夫任董事长；岩间和夫逝世，由大贺典雄接任社长。

1994年，盛田昭夫任荣誉董事长。

从1995年开始，井深大和盛田昭夫退出管理层，大贺典雄转任董事长，出井伸之出任社长。

出井伸之大学毕业后加入索尼，1960年之后的10年，被索尼派往欧洲工作。20世纪80年代历任索尼的音响、计算机和VTR等事业总部的负责人，1989年出任公司董事。尽管如此，出井伸之就任社长一事，还是让大家没有想到，也震动了日本企业界，因为排在出井伸之前面的索尼前辈有14位之多，这在讲究资历和按资排辈的日本是非常"不合常理"的。出井伸之学的是经济学，而靠技术起家、视技术如生命的索尼，第一次起用非创业者、非技术人员出身的人，成为索尼的领导

出井伸之就任时，索尼正陷入了过度扩张带来的财务困境，能够生存下去的概率不超过50%，企业变革是当务之急。索尼没有像IBM那样，在需要变革的时候从外面引入CEO，而是采取了从内部提拔的方式。尽管出井伸之早就提倡改革，但上任之后，各方面的阻力很大，不能像外来CEO那样，可以毫无顾忌地进行大刀阔斧的改革。

从1961年在美国发行股票以来，索尼在引入欧美经营管理模式上一直处于领先地位。从1970年开始设立外部董事，1976年正式引入CEO职位，盛田昭夫改任董事长兼CEO，而社长相当于总裁兼COO。出井伸之在治理改革方面，倡导索尼一贯主张的"国际化"做法。

出井伸之接位后，他对索尼公司作了一次系统诊断：索尼公司一直被创立者的理念所驾驭。创立者的个人想法，被作为每一项决定的基础和标准。在现代企业中，公司所有者与专职管理人员之间，应该有明确界限，但是索尼却没有，公司的决策和管理仍然是

建立在私交和友情基础之上。

出井伸之还分析了收购哥伦比亚电影公司失误的原因，"并购美国哥伦比亚电影公司的过程，反映出上一代日本人对西方的自卑心理"。而美国人利用了这种心理，联手合谋吞掉了索尼的财富。

索尼对哥伦比亚公司的并购，开创了索尼多元化经营的道路，但也正是这一创举，埋下了多元化的陷阱。这种跨文化经营，不能只是直觉与武断的一意孤行，而应该理智地经营与管理，真正实行全球本土化运营。

出井伸之下定决心，"必须把索尼美国公司作为美国公众公司来管理"。在美国建立一个不带感情色彩的索尼美国人际关系。

盛田当年使用"全球本土化"概念，只是指聘请当地管理人员，并把经营活动管理权授予他们。出井现在重提"全球本土化"，则强调应该按照当地的公司治理结构，来管理和运营索尼美国公司，使其避免既享用美国管理层的高薪，又不按照美国公司的治理方式来行使授权。出井伸之抛弃原来索尼的做法，取而代之采用现代公司通行的方式。

从出井伸之1995年4月正式任职起，他只用了8个月时间，就把彼得·古柏等人免职了。出井代理索尼美国总裁，根据业务需要，重新建设团队，使之严格按照美国公众公司来管理。出井不同于他的前辈，他非常理智。他不想去网络美国的一流人才，他说："要吸引美国的顶尖人才参与这项特殊事业是有困难的。这和东京的分销商邀请我加盟而被我拒绝是一回事。"

1995年出井就瞄准了霍华德·斯特林格。他邀请霍华德到日本考察，并拜会大贺典雄，进行一些细节性谈判。出井给了他一大堆备忘录，包括一些清楚而准确的数据，在谈判过程中，出井还不断使用那些数据。这让斯特林格感到吃惊，他一直认为日本人模棱两可，没想到，出井伸之如此理性而专业，霍华德对出井伸之完全叹服。

1997年，出井伸之聘请霍华德为索尼美国公司董事长。出井给他描绘的工作内容是：在索尼电子和娱乐业之间，建立起一种战略性的合作关系，并将其整合进索尼的新价值链中。

出井与他的前辈不同，对娱乐业有着独一无二的理解力和管理能力："美国人沉醉于生意中，但是在做生意之前，必须发现这项生意的逻辑，不作无谓的情感投资，牢牢把握双方的互利合作点，把握现代商业关系的本质。"这一理解无疑是正确的。

在出井伸之的努力下，成功化解了美国人对日本人进入好莱坞的敌视情绪，认可和接受了这种商业合作模式，使哥伦比亚制片厂也意识到自己已经是索尼集团的一部分。他们的新口号是，"让世界所有的屏幕都闪亮。"

出井还主动关注那些互联网软件供应商们，不断与微软、太阳、思科等公司进行协商，使索尼获得一系列软件使用许可证。

索尼两代人足足花了十年时间，充分理解了美国人及其商业经营理念，最终使美国人可以接受索尼公司作为一个领先的国际娱乐品牌。有了索尼哥伦比亚电影公司并购和管理的经验，2004年的索尼才得以成功并购美国的米高梅公司。

从此，索尼已经不仅仅生产出售电子设备，而是大量可以相互连接的设备、服务和体验，走上了多元化经营的道路。出井伸之说："我们必须从制造业转向以知识为基础的全球文化产业。这等于重新打造索尼公司的商业模式。"

第七章　人格魅力

1. 德艺双馨

盛田昭夫精力过人，总是精神饱满地去工作。他的时间表总是排得满满的，极少见他静静坐下来休息，在他中风前两个月时间里，让我们浏览一下他的时间表：

访问了美国的新泽西、华盛顿、芝加哥、达拉斯、洛杉矶、圣安东尼奥几个城市；又访问了英国，还有西班牙的巴塞罗那和法国的巴黎。访问期间，拜见了英国女王伊丽莎白二世、未来的法国总统希拉克、美国通用电气公司总裁杰克·韦尔奇，以及其他一些政治家、官员和商界人士等等。

另外，盛田昭夫还听了2场音乐会、看了1场电影、在国内进行了4次视察、出席8次招待会、打了9场高尔夫球、到索尼总部正常上班19天。几乎无法让人相信，这是一个72岁的老人。

盛田昭夫热爱工作，但也十分爱玩，可以说是玩商极高的人，很多生意就是在玩中谈妥的。他认为，玩不仅仅是个人业余爱好，也在其中陶冶情操。体育锻炼不仅仅为了身体健康，还能够保持脑力，提高自信心和反应能力。

盛田昭夫打了四十多年的高尔夫球，五十五岁开始学习打网球，六十岁学滑雪，到了六十四岁又去学滑水。

他只要在东京，每天早晨7点钟，总会准时出现在网球场上。他一到场，大家就会受到感染，情绪就会高涨起来。他几乎不知道累，只要一进入场地，就一场接一场打下去，中间也不休息。

他总是精力充沛，有个朋友回忆说，和他一起打高尔夫球，很愉快，常常被他激励，盛田总有使不完劲，刚打完18个洞，他就说为什么不再打18个洞？

盛田昭夫的秘书说，在总裁的行程中，只要稍有空闲，他总是不失时机地安排一件事，或者见缝插针地开个会，绝不浪费时间，哪怕是一分钟。盛田昭夫身居高位，但从不高高在上，很少向下属发号施令，他总是亲自参与其中。

接触过盛田昭夫的人，都喜欢他的热情和幽默，说他"与一般的日本人不同，在社交方面很主动，喜欢和人打交道。他爱说爱笑，还喜欢唱歌。"很多人都记得，当年索尼公司推出卡拉OK演唱设备时，盛田昭夫和大家一起唱歌的情景，仍然历历在目。"

盛田昭夫从小就喜欢音乐，这个爱好一直保持着。另外，盛田昭夫还喜欢与年轻人在一起。他说，置身于热情洋溢的年轻人之中，不仅会受到感染，还可以从他们身上学到好多东西。

盛田昭夫还学会了开飞机。有一次乘坐公司的直升机时，他发现飞行员的年纪比自己还大。于是就产生了一个念头，一定要学会开飞机，一旦出现什么意外，也不会惊慌失措，可以自己驾驶飞机安全着陆。

当他能够驾驶飞机时，驾驶员赞叹说："你无论干什么，都会和管理公司一样，干得非常出色。"

2. 教子有方

当年，盛田昭夫举家迁往纽约居住，主要目的是为了更好地了解美国，开拓美国市场。与此同时，也是出于对子女教育的考虑，让他们真正体验美国人的生活。他认为未来的社会应该是全球化的。

那时，三个孩子都很小，英夫10岁，昌夫8岁，直子才6岁。为了他们能够尽快适应美国生活，盛田昭夫花了许多心思。他在纽约第五街1010号租到一所公寓。租金虽然很高，每月1200美元，但是条件非常好，适合居住，也适合商业社交。

在日本住惯了小房子，这十二间房间的公寓简直就是宫殿了，每个房间都很宽敞明亮，并且布置得富有情趣，典雅而舒适。每到夜晚，对面博物馆的灯总是亮着，照在整个建筑物上，既漂亮又有些浪漫。

租到房子后，盛田昭夫一个人先搬了进来，因为孩子们要等到学期结束后才能来美国。每天早晨，盛田喜欢乘公共汽车去办公室上班，与纽约人挤在一起，听他们谈话，观察和体验美国人的生活习惯。

工作空闲时，还要为家人的到来做好准备，首先要为孩子们找到合适的学校，但是不太容易，因为三个孩子完全不懂英文，并且，住的时间不会太久。直到他走访了二十多所学校，才碰到圣伯纳德学校的校长，他对学校国际化的问题很感兴趣，同意接收他们。盛田昭夫感到非常高兴，这件事有了着落，心里踏实多了。

为了与孩子们很好地沟通这件事，盛田昭夫特意飞回东京，采取了一个特别的方式和孩子谈搬迁的问题。

到了东京，正是周末。盛田昭夫顾不上休息，带着全家来到皇宫饭店，在那里订了一个套间。这是一所西式旅馆，他想让孩子们感受一下西方的生活方式。那年正是1963年，为了迎接1964年东京夏季奥运会，到处大兴土木，这家饭店就是因此而修建的。孩子们进入房间时，感到它与日本房子不一样，鞋子也不用脱，这让他们惊奇不已。

那天晚上，在酒店顶层的皇冠餐厅享受了一餐美食，回到套房后，盛田昭夫向孩子们宣布了准备搬到美国的消息，并且许诺，要去迪士尼乐园尽情地玩一天。孩子们并不知道他们将会到一个什么样的地方去，但迪士尼乐园还是非常有诱惑力的地方。

大儿子有点舍不得自己的同学和朋友，而八岁的昌夫却非常愿意，他从电视节目里看到过美国，以为美国人也说日语。夫妻俩虽然知道生活在异国，会遇到许多困难，但他们认为对孩子的成长非常有益。

全家到达美国时，学生正放暑假。一到纽约，盛田昭夫就把两个儿子送进了缅因州的维诺那培训营，也许这是最好的捷径，可以使他们更快地适应美国生活。那一年，女儿直子太小，还不能和哥哥一起去，所以把她送到曼哈顿毕奇伍德培训营，只在白天接受训练。这样，促使他们必须依靠自己，克服困难，迎接新的挑战。

把孩子们安顿好了，盛田昭夫又建议良子去考一张美国的驾照。在美国，不能开车将是很麻烦的事。可是良子的英语口语还不行，她担心过不了关。盛田昭夫一再鼓励她，良子也非常努力，以顽强的毅力把全部考试资料都背了下来，以满分通过了试题测试。路考没有问题，非常顺利，因为良子在1951年就考取了日本驾照，她早已是一个很有经验的司机了。

让良子去考驾照，盛田还有一个想法，就是为了让妻子忙起来，免得过于担心孩子们。因为培训营规定，开始的两周内，家长不得去看孩子。夫妻两人的确很担心，但他们必须咬紧牙关，坚持住。

盛田昭夫还给儿子留了一张英文字条，上面写着"请给我爸爸打电话"。告诉英夫把它保存好，如果遇到麻烦事，不知如何处理时，就拿这张条子找老师，但孩子们还是挺了过来，一次电话也没打。

在夏令营里，兄弟俩由于年龄不同，分到不同的小组。只有吃饭的时候才能见面，晚上睡觉时，也不在一起，他们都偷偷哭过。虽然遇到许多困难，但生活是有趣的，和许多美国孩子一起，学习打棒球、游泳、攀岩，还有各种游戏。

营长买了一本英日字典，可以对他们说几个刚刚学会的日语单词。兄弟俩学着别人的样子积极参加各种活动，并且和其他同伴相处得很好。当父母去看望他们时，孩子们讲述了各种有趣的事情，大儿子英夫说夏令营的饭菜很好吃，特别是各种冰激凌更好吃，还有很多西瓜和水果汁。他似乎都长高了，可昌夫不像他哥哥那么喜欢培训营。但是到了第二年的夏天就大不一样了，小哥俩早早就盼着去夏令营了。

看着孩子们学会了美国式独立自主的作风，盛田昭夫感到非常欣慰，这里的环境对他们的健康成长非常有利。他还意识到，离开祖国，更容易让孩子们懂得对祖国的热爱。

直子也习惯了新的生活，年龄越小越容易适应。在纽约上完一年级后，直子在哥哥们的影响下，也去了培训营。两周之后，当父母第一次去看她时，她很自豪地为他们表演了划船，为自己取得的成绩感到很得意。但她也承认夜晚熄灯的时候非常孤独和害怕，还哭过鼻子，她把所有的零用钱都买了手电筒和电池，在被子里偷偷照亮。

盛田昭夫一家原来打算在纽约住两年，但是这个计划被改变了。由于盛田昭夫的父亲去世，他们提前回到了日本。昭夫虽然免去了承担家业的责任，但是作为长子，他是盛田家的继承人，也成了家产的主人。他必须回到东京，办理家族里的相关事宜。

良子的确是个贤内助，在一天之内就清理了公寓。又赶到维诺那培训营把孩子们接了回来，打点好所有的物品，陆续将包裹发回日本，一周内就赶了回去。

为了使孩子们受到更好的教育，盛田昭夫准备把他们送到国外接受教育。盛田认为，战后的日本教育质量大大下降，为了应付考试，把学习变得毫无意义。盛田昭夫相信在不久的将来，随着社会的发展，世界会变得越来越小，成为一个地球村。所以盛田昭夫希望孩子们尽快国际化，并且学会在严格的自律下学习和工作。

盛田昭夫和妻子在英国花了很长时间为英夫找学校，至少参观过十几所学校后才找到满意的。英夫和昌夫去了英国，直子去了瑞士。孩子们已经适应了国外的生活，他们喜欢西方的生活方式。

英夫去的是一所寄宿学校，二年制，只有五十名学生。英夫刚进这所学校时，也是困难重重，但他适应得很快，第二年，就出类拔萃了，毕业后有两所英国的大学愿意接受他。但是，由于他在历史和文学方面较弱，学校建议他学理科，可英夫自己不愿意，他说："我不想与父亲竞争。"他对经济学情有独钟。

有一段时间，盛田昭夫曾经考虑在巴西开一个畜牧场，英夫对此非常感兴趣，设想将来去管理它，所以他转到达维斯的加州大学，在那里学了两年农业经济，然后又回到日本，并从亚细亚大学毕业。

昌夫进了大西洋学院，那是一个环境优雅的地方，学校设在一个庄园的城堡里，1960年，整个城堡被人买下，把它捐给了学校。昌夫在那里度过了两年时间，毕业后进了美国华盛顿乔治敦大学。

直子的学习经历比两个哥哥更复杂。父母为她在瑞士的洛桑找了一所高级研修学校。在那里，她表现很出色，是一名优秀的排球和垒球运动员，还得过奖。但她觉得瑞士人讲的法语不是她想学的巴黎口音，所以盛田昭夫又把她送到巴黎去学习，她在那里住了一年。后来又转到华盛顿，进了乔治敦的语言学习班学习英语，再后来到洛杉矶去学过时装设计。

直子走的时候还是个害羞的小姑娘，可是回国时，已经成了一个乐观开朗、充满自信的国际化女性。

孩子们都长大了，但盛田昭夫总是说，在培养孩子的过程中，学到了不少东西。他还深有体会地说，把他们置身于其他民族的文化中，才能够真正懂得自己是日本人，学会珍惜自己的民族性，同时也懂得了如何适应社会生活。

良子也曾经说过，应该知道所谓的外国人并不是笼统的概念，他们每个人都不相同，有着不同的想法，不同的宗教，不同的背景。我们在国外的短期旅居，开阔了眼界，无论走到世界上什么地方都会感到很自在，但是日本才是我们真正的家。

3. 不息的生命

盛田昭夫以诚信的品行、儒雅的举止，以及非凡的社会活动能力，使他在日本国内和世界各地建立了广泛的人脉，他不仅创建和管理索尼公司，还积极帮助日本企业建立广泛的对外经济合作关系，在促进日本企业国际化进程方面，做出了巨大贡献。

盛田昭夫不仅是一个企业家，也是日本商业社团的代表。在日本经济团体联合会、日美经济关系集团等一些组织中，担任领导职位，协助增强日本与其他国家的经济关系，促进相互之间的了解。盛田昭夫还承办过日美商会、三边协会和达沃斯世界经济论坛，还在日美贸易摩擦中积极进行斡旋，帮助两国化解矛盾。

1984年，索尼组成了三个代表团，在盛田昭夫带领下，访问了美国23个州，调查在美国的投资形势，各州热情地接待他们，并且邀请盛田昭夫发表演讲。他说"要为扩大世界各地的经济贸易，为美日贸易失衡做积极努力。如果在美国建厂，日本对美国的直接出口数字就会下降，还可以增加美国人的就业机会，双方都会受益。"

盛田昭夫还在演讲中指出，美国实行统一税法的不合理性，不利于经济发展，对外国企业是不合理的，呼吁取消这一税法。事实上，他的努力是成功的，很多州都取消了统一税法。

访问结束之前，美国总统还会见了盛田昭夫，就投资和贸易的问题进行了会谈，当谈到统一税法时，国务卿还幽默地说，统一税法给你们造成了麻烦，你们就去没有统一税法的州去做生意吧。回到日本，大家都赞扬盛田昭夫对美国的访问硕果累累。

174

1998年，作为唯一的亚洲人，盛田先生被美国《时代周刊》评选为20世纪20位最有影响的商业人士之一。

盛田昭夫是索尼公司举足轻重的人物，可以说没有他就没有索尼。1993年11月30日盛田昭夫病了，并且很重，公司经历了最沉重的打击。

那天是个星期二。早晨7点30分，他在东京品川区王子饭店进行一场网球双打比赛。轮到盛田昭夫发球时，半天不见动静，大家发现他跪在地上。他说自己不舒服，有点头痛。大家想送他去医院，但盛田昭夫却认为自己只是有点儿感冒而已，不必大惊小怪，执意要回家。可是回家后，一直没有好转，头痛得越来越厉害。当天就被送进了东京医学院附属医院，被诊断患有脑出血。立即进行了手术。

万幸的是没有生命危险，但左半边脸和身体已经瘫痪，并丧失了说话能力。但是，他很清醒，听到别人喊自己的名字时，他的手就会紧握一下。

索尼公司在12月3日召开新闻发布会，宣布盛田昭夫接受了急诊手术，且"身体恢复情况令人满意"。这对索尼来说，是一个巨大的损失和打击，没人知道他能否重新回到董事长的办公室。

在中风后的几个月里，盛田昭夫住在这家医院的康复中心。碰巧的是井深大也住在隔壁病房，他是心脏病突发而住院治疗的。在康复中心共同度过的几个月时间里，井深大和盛田昭夫这对一生的搭档，摇着轮椅相互看望，俩人静静地相视而坐，两双手紧紧握在一起，这其中，所有的故事及其细节都变得那么珍贵，在俩人心里默默地回忆着。

他们走过了艰难的岁月，也开创了索尼的辉煌，使它成为世界著名企业，一路走来，他们共同创造了无数个日本第一和世界第一。他们默契配合，心心相印。虽然也发生过一些冲突，比如，盛田曾经批评过井深大，在度假时动用公司的小车。还有一次，井深为一个朋友做担保，从索尼的银行贷款，违反了公司的规定，盛田非常生气。但这些冲突，丝毫不影响两人之间亲密无间的友谊，一直到老。他们相信对方甚至超过相信自己。

这段时间，他们每天都在一起默默坐上一会，虽然不能对话交流，但能读懂对方的眼神，双手握在一起，用心灵促膝畅谈，眼泪常常从脸颊上滑落……

从此，盛田昭夫再也没有重返索尼公司。后来，搬到了风景宜人的夏威夷居住，虽不能讲话，但在病情恶化之前，他始终意识清醒，思路敏捷。临终前，坐飞机回到东京，他知道他的根在日本。

1999年10月3日上午10点25分，盛田昭夫因肺炎在东京都济生会中央医院逝世，享年78岁。

这位日本家电行业的先锋，是索尼神话的缔造者，也是日本企业的偶像。他所代表的索尼精神，以及独特的人格魅力，成为商界宝贵的文化遗产。后人永远怀念他。

附

录

盛田昭夫生平

　　日本索尼公司（SONY）的创始人之一、名誉董事长，日本著名企业家——盛田昭夫(もりた　あきお)1921年1月26日生于爱知县名古屋市。毕业于旧制爱知第一中学（现：爱知县立旭丘高等学校）、第八高等学校（现：名古屋大学教养部）、大阪帝国大学理学部物理学科。

　　在盛田昭夫二十五岁时，放弃了家族企业"盛田酒业"的继承人权力，他在井深大的邀请之下，于1946年两人正式成立"东京通信工业株式会社"，并迁址到现在的品川区御殿山。

　　在盛田昭夫无穷的创意下，公司开发生产了许多广为人知的产品。Walkman就来自于他的一种前无古人的想法——无论何时何地、甚至在户外都能欣赏最爱的音乐。这种想法创造了一个崭新的市场，立体声携带式耳机专为独自欣赏音乐而设计，从此一种全新的生活方式诞生了。

　　盛田昭夫始终是公司所有管理领域的领导人，在商场上一再展现出个人魅力的公关手腕与精明的远见，包括新产品的创意、市场行销、海外运营和人力资源等。1958年，他将公司的名称由"东京通讯工业株式会社"改为"Sony公司"。盛田昭夫将公司的品牌当作生命，为让"Sony享誉全球"而勤奋工作，他的全球战略眼光使Sony成为日本第一家在美国发行ADR（美国预托证券）的企业，Sony股票随后又于1970年在纽约股票交易所挂牌上市。他的努力终于使Sony今日的品牌魅力成为现实。从拓展美国市场、创造极为成功的Walkman"随身听"品牌、收购哥伦比亚电影公司，一路将Sony品牌行销推广至全世界。

盛田昭夫旺盛的活力、可亲的品行使他在日本国内和世界各地都形成了广泛的个人关系基础。他为架起日本与各国交流的桥梁而不懈奋斗，尤其是努力帮助日本建立广泛的经济关系，以使日本成为国际社会的一员。盛田昭夫以坦诚和平易近人的方式清晰地表明了自己的信仰，他也是为数不多的在世界舞台上发挥主导作用的几个日本人之一。因此，他的言论总会引起注目。

作为日本商业社团的代表，盛田昭夫担任各种会议的主办人，这些会议包括日美商会、三边协会和达沃斯世界经济论坛。他还帮助缓和日美之间的贸易摩擦，通过他在经团联（日本经济团体联合会）、日美经济关系集团和其他组织中所担任的领导职位，协助增强了日美关系。作为《日本制造》和其他书籍的作者，他竭力促进了日本和世界其他地区的相互了解。

1998年，盛田昭夫被美国《时代周刊》评选为20世纪20位最有影响的商业人士之一。

盛田昭夫在1993年中风后辞去新力董事长的职务，1999年10月3日上午10点25分盛田昭夫因肺炎在东京都济生会中央医院逝世。享年78岁，讣文当中赞誉他为20世纪最具影响力的企业家之一。

盛田昭夫年表

1921年1月26日，盛田昭夫出生于名古屋。

1944年，大阪帝国大学毕业，征召入伍，担任海军技术中尉，并结识井深大。

1945年，战后返乡。不久，应邀在东京工业大学任教。

1946年5月，盛田昭夫与井深大共同创办东京通信工业公司。

1950年，制造出日本第一代磁带录音机和磁带。

1955年，生产出日本第一台半导体收音机TR-55。

1955年8月，东京通信工业公司在东京证券交易所挂牌上市。

1958年1月，东京通信工业公司更名为索尼。

1960年，索尼公司生产出世界第一台半导体电视机。

1960年2月，成立美国分公司。

1960年12月，成立瑞士分公司。

1965年8月，生产了世界第一台家用录像机CV-2000。

1968年3月，索尼与美国哥伦比亚广播公司合资，成立哥伦比亚广播公司·索尼唱片公司（CBS/SONY），各占50%的股份。

1968年5月，成立英国分公司。

1968年10月，生产了世界第一台搭载特丽珑电视影像技术彩色电视KV-1310。

1970年6月，成立德国分公司。

1970年9月，索尼公司在纽约证券交易所挂牌上市，成为日本第一家在美国上市的公司。

1971年，盛田昭夫出任索尼公司社长。

1972年，成为日本第一家在美国建厂的公司。

1973年2月，成立法国分公司。

1975年5月，世界第一台BETAMAX录像机。

1976年，盛田昭夫出任董事长。

1979年7月，制造出世界第一台随身听产品TPS－L2。

1982年，盛田昭夫获得英国皇家艺术学会授予的阿尔伯特奖章，是第一个获得此项荣誉的日本人。

1982年，成为《时代》周刊封面人物。

1983年，联合荷兰飞利浦共同研发激光唱盘CD，并主导74分钟标准。

1986年11月，于德国成立欧洲区总部。

1988年1月，并购美国CBS唱片公司。1991年更名索尼音乐娱乐公司。

1989年9月，索尼以高达48亿美元的价格，获得美国哥伦比亚电影公司的控股权。

1991年，日本天皇颁给盛田昭夫一等瑞宝章。

1993年，盛田昭夫患中风，不再参加商业活动。

1994年11月，盛田昭夫任荣誉董事长。

1998年，盛田昭夫被美国《时代周刊》评选为20世纪20位最有影响的商业人士之一，也是其中唯一的亚洲人。

1999年10月3日，盛田昭夫因肺炎病逝于东京。享年78岁。